Friedrich Hölderlin

Observações sobre *Édipo*
Observações sobre *Antígona*

precedido de

Hölderlin e Sófocles
Jean Beaufret

Coleção **ESTÉTICAS**

direção: Roberto Machado

Observações sobre "Édipo"
Observações sobre "Antígona"
precedido de
Hölderlin e Sófocles
Friedrich Hölderlin
Jean Beaufret

Francis Bacon: Lógica da Sensação
Gilles Deleuze

O Nascimento do Trágico
Roberto Machado

Nietzsche e a Polêmica sobre
"O Nascimento da Tragédia"
Roberto Machado (org.)

Introdução à Tragédia de Sófocles
Friedrich Nietzsche

Kallias ou Sobre a Beleza
Friedrich Schiller

Shakespeare, o Gênio Original
Pedro Süssekind

Ensaio sobre o Trágico
Peter Szondi

ZAHAR
Jorge Zahar Editor

hölderlin & beaufret

hölderlin e sófocles

observações sobre édipo e observações sobre antígona

Jean Beaufret
Título original: *Hölderlin et Sophocle*
Tradução autorizada da edição
francesa publicada em 1983 por
Gérard Monfort, de Brionne, França

Friedrich Hölderlin
Título original: "Anmerkungen zum *Oedipus*" e "Anmerkungen zum *Antigonae*"
Traduzidos a partir das versões reunidas em *Werke: Briefe, Dokumente*, publicado em 1969 por Winkler Verlag, de Munique, Alemanha

Jorge Zahar Editor Ltda.
rua México 31 sobreloja
20031-144 Rio de Janeiro, RJ
tel.: (21) 2108-0808 / fax: (21) 2108-0800
e-mail: jze@zahar.com.br
site: www.zahar.com.br

Capa: Bruna Benvegnú

CIP-Brasil. Catalogação-na-fonte
Sindicato Nacional dos Editores de Livros, RJ

Hölderlin, Friedrich, 1770-1843

H674o Observações sobre Édipo; Observações sobre Antígona / Friedrich Hölderlin. Precedido de Hölderlin e Sófocles / Jean Beaufret [tradução e notas à edição brasileira, Anna Luiza Andrade Coli, Maíra Nassif Passos; tradução e notas de Observações sobre Édipo e Observações sobre Antígona, Pedro Süssekind, Roberto Machado; revisão técnica, Guido Antônio de Almeida, Virginia Figueiredo]. — Rio de Janeiro: Jorge Zahar Ed., 2008.
(Estéticas)

Tradução de: Hölderlin et Sophocle
ISBN 978-85-378-0089-9

1. Hölderlin, Friedrich, 1770-1843 – Influência de Sófocles. 2. Sófocles – Influência. 3. Sófocles. Édipo. 4. Sófocles. Antígona. I. Hölderlin, Friedrich, 1770-1843. Observações sobre Antígona. II. Beaufret, Jean, 1907-1982. Hölderlin e Sófocles. III. Título. IV. Título: Observações sobre Antígona. V. Título: Hölderlin e Sófocles. VI. Série.

CDD: 193
08-2729 CDU: 1(43)

Sumário

Jean Beaufret

Hölderlin e Sófocles

Tradução e notas à edição brasileira:
Anna Luiza Andrade Coli
Maíra Nassif Passos

Revisão técnica:
Guido Antônio de Almeida
Virginia Figueiredo

... mas o Pai,
Que a todos governa, ama
Acima de tudo o culto cuidadoso
Da letra firme ...
"Patmos" (222-225)[1]

Quem é, afinal, Hölderlin, de quem Heidegger nos diz, no fim do primeiro texto de *A origem da obra de arte*, que "enfrentar a sua obra [é] a tarefa que os alemães têm ainda a cumprir"?[2] E em que seu pensamento é, para o autor de *Ser e tempo*, tão profundamente pensamento da história quanto iluminação de um presente? Em que, enfim, culmina poeticamente esse pensamento nas traduções de *Édipo* e de *Antígona* e nas "Observações" que as seguem, quer dizer, nesse "diálogo poético"[3] com

[1] Friedrich Hölderlin, "Patmos", in *Poemas*, prefácio, seleção e tradução Paulo Quintela. Coimbra, Atlântida, 1959, p.378-9. (N.T.)
[2] Martin Heidegger, *Holzwege*, p.65. [Ed. port.: *A origem da obra de arte*, tradução Maria da Conceição Costa. Lisboa, Edições 70, 2004, p.63.]
[3] Martin Heidegger, *Unterwegs zur Spräche*, p.38. [Ed. bras.: *A caminho da linguagem*, tradução Márcia Sá Cavalcante Schuback, Petrópolis/Bragança Paulista, Vozes/Universitária São Francisco, 2ª ed., 2003.]

Sófocles no qual ele se arrisca, antes de desaparecer dos olhos dos homens?

O diálogo com Sófocles põe em questão a própria essência da *Tragédia*, entendida aqui como um dos ápices mais inacessíveis da arte grega – ápice esse, contudo, é necessário dizer, vital para a arte moderna tentar alcançar. Um projeto mantido por muito tempo, e muitas vezes retomado por Hölderlin, foi, com efeito, o de escrever uma "verdadeira tragédia moderna". Trata-se de *Empédocles*, do qual temos ao menos três versões. Mas o que é a arte trágica e, em primeiro lugar, o que é a arte?

A arte (*teknê*) é pensada por Aristóteles em correlação com a natureza (*physis*). Aristóteles escreve: *hê teknê mimeitai tên physin*[4]: a arte imita a natureza. Mas, um pouco mais adiante, precisa: *ta men epitelei a hê physis adynatei apergasasthai, ta de mimeitai*[5]. A nuance aqui é essencial. "Por um lado, a arte leva a cabo o que a natureza foi incapaz de realizar, por outro, a imita." Como compreender? Que ela realiza *ora* isso, *ora* aquilo? Ou será sua essência a de só fazer isso ao fazer *também* aquilo? A arte se distanciaria assim da natureza, sendo, no

---

[4] Aristóteles, *Física*, 194 a, 21-22.

[5] Ibid., 199 a, 16-18.

entanto, plenamente arte apenas na medida em que se reencontrasse com a natureza, isto é, com o "nativo", uma afinidade mais essencial? Era assim mesmo que Hölderlin entendia ou teria entendido Aristóteles.

Daí a distinção que ele faz entre o que é nativo, natal, natural, e o que é o termo de um esforço de cultura, ou, diz ainda, de *imaginação*. É próprio do esforço de cultura afastar-se ao máximo da natureza, ou seja, "levar a cabo o que a natureza foi incapaz de realizar". Mas a arte só é plenamente arte por aquilo que Hölderlin nomeia insolitamente *vaterländische Umkehr*[6]: o retorno, a volta que remonta até a própria essência do nativo.

Aqui, nossa relação com o mundo grego só pode ser especificada como um contraste fundamental. Os gregos são essencialmente os "filhos do fogo". O pânico original dessa filiação, Nietzsche o representará pela evocação de Dioniso. Hölderlin dizia o contrário: *Apolo*. "Apolo não é para Hölderlin o que ele representará para uma consciência mais moderna, a saber, o deus que preside, na claridade, a criação das formas plásticas. Apolo é para ele exatamente o contrário, o elemento cuja potência

---

[6] Literalmente: "retorno à terra pátria". (N.T.)

provoca, no tumulto do despertar, o "fogo do céu". Não um contrário absoluto de Dioniso, mas sua mais alta realização como o extremo da força viril. É a partir daí que é preciso compreender a palavra do poeta: *"Posso dizer que Apolo me golpeou."*[7]

Todo o esforço "cultural" da arte grega será o de desprender-se dessa natureza tempestuosamente pânica que é a própria base da natureza grega, aquilo que ela tem de *oriental* dirá Hölderlin,[8] para tentar o acesso ao domínio mais oposto: o da instituição ou do estatuto (*Satzung*), ou seja, da diferenciação e do equilíbrio segundo os quais o tumulto *aórgico*[9] é finalmente organizado. Daí:

Eis aqui mais uma afirmação...: o elemento puramente nativo perderá sua preponderância à medida que progredir a formação. É por isso que os gregos tiveram o trabalho de se moderar, embora, desde Homero, eles se sobressaíssem (sobressair-se é aqui o próprio da arte) *na exposição* (a composição orgânica em contraste com o tumulto aórgico pelo qual eles eram mais

---

[7] Ludwig von Pigenot, *Hölderlin*. Munique, s/ed., 1923.

[8] Friedrich Hölderlin, Carta a Friedrich Wilmans, 28 set 1803, in *Sämtliche Werke, Grosse Stuttgarter Ausgabe* (Grande Edição de Stuttgart), t.6. Stuttgart, Kohlhammer, 1943-1985, p.434. [Traduzimos as cartas de Hölderlin citadas diretamente do texto de Jean Beaufret. Há tradução de algumas delas em *Reflexões*, tradução Márcia de Sá Cavalcante Schuback. Rio de Janeiro, Relume-Dumará, 1994. (N.T.)]

[9] "Observações sobre *Antígona*", p.86 deste livro.

originária, mais "orientalmente" marcados). *Este homem extraordinário possuía uma alma bastante capaz de acolhimento para apoderar-se como de um butim da sobriedade junoniana do Ocidente em proveito de seu reino de Apolo, apropriando-se assim de um elemento estrangeiro.*[10]

O próprio da arte homérica é, pois, a apropriação "cultural" daquilo que é o mais oposto à natureza *oriental* dos gregos.

Hölderlin logo acrescenta: *Conosco, dá-se o inverso*. Não somos de fato esses filhos do fogo que foram nativamente os gregos. *Creio que a clareza de exposição nos é tão natural e essencial como a chama celeste é natural aos gregos.*[11] Clareza de exposição? Os alemães, dirá Heidegger, "a força da concepção, a arte do projeto, estruturar e cercar, enquadrar e compartimentar, desmembrar e remembrar, é isso que os conduz como uma força natural".[12] É por isso que, afirma Hölderlin referindo-se aos gregos, *nos é mais fácil ultrapassá-los na expressão da beleza apaixonada... do que na sua homérica presença*

---

[10] Friedrich Hölderlin, Carta a Böhlendorf, 4 dez 1801, in *G.E.St.*, t.6, p.426.

[11] Por fidelidade ao texto de Jean Beaufret, traduzimos "*Darstellung*" (apresentação) por "exposição", assim como a expressão "*Feuer vom Himmel*" (fogo do céu) por "chama celeste". (N.T.)

[12] Martin Heidegger, *Erläuterungen zu Hölderlins Dichtung*, p.84.

de espírito e no seu sentido de exposição.[13] Isto não é de modo algum um *paradoxo*. É no contrário do que somos nativamente que nos é mais fácil sobressair. Há nisso algum eco de Diderot e de seu *Paradoxo sobre o comediante*? Por exemplo, quando ele diz de Mademoiselle Clairon: "Ela é a alma de um grande manequim que a envolve; seus ensaios o fixaram sobre ela"?[14] A verdade é que o movimento da arte moderna, visando o contrário da natureza moderna, visa, por isso mesmo, o contrário do que visava a arte grega. Ela visa a expressão patética. Sobressai-se na conquista da dimensão do *aórgico* e do pânico ou, diz ainda Hölderlin, do clima do *entusiasmo excêntrico*.

Mas se a arte, segundo a lição de Aristóteles, "leva a cabo o que a natureza foi incapaz de realizar", ela só é plenamente ela mesma na medida em que *mimeitai tên physin*, imitando a natureza, remonta a uma afinidade mais essencial com ela. Todavia esse remontar, ou antes, esse retorno sobre si até o nativo é tão árduo que é, em geral, o próprio

---

[13] Aqui também preferimos traduzir "*Darstellungsgaabe*" (dom da apresentação) por "sentido de exposição" para seguir a tradução de Jean Beaufret. (N.T.)

[14] Denis Diderot, "Paradoxo sobre o comediante", in *Diderot*, vol. II, tradução Jacó Guinsburg. São Paulo, Perspectiva, 2000, p.34. (N.T.)

fracasso da arte – em particular da arte grega. Daí estes versos de um fragmento tardio:

Sua vontade foi certamente instituir
Um império da arte, mas aí
O nativo foi por eles
Renegado e, lamentavelmente,
A Grécia, beleza suprema, soçobrou.[15]

O mesmo se dá *conosco*, ainda que seja literalmente *o inverso*: fazer com que nos tornemos de novo *conscientemente* o que somos *nativamente* para assim nos tornarmos aquilo mesmo, devolvendo-nos *gnonta to par podos, hoias eimen haisas*[16] – dando-nos o conhecimento do que está ao alcance dos pés, ou seja, do destino [*partage*][17] que nos cabe. Esse verso de Píndaro precede imediatamente aqueles que Valéry cita na epígrafe ao "Cemitério marinho". Todo o poema fala do contraste entre o êxtase panicamente apolíneo do *Midi*[18], onde toda diferenciação se perde, e o apelo ao movimento que são a

[15] Friedrich Hölderlin, *Sämtliche Werke*, t.2, op.cit., p.228.
[16] Píndaro, *Terceira Pítica*.
[17] "*Partage*" caracteriza não só a ação de dividir, distribuir, como também o resultado dessa ação. Optamos por traduzir o termo ora por "partilha", ora por "destinação", e outras vezes ainda por "destino", quando o sentido o exigia. (N.T.)
[18] Terras meridionais, sul da França, no caso. (N.T.)

diferenciação e a vida. Aqui a poesia se desprende precisamente do "pânico" para retornar à sobriedade desiludida. O "Cemitério marinho" seria, neste sentido, um poema do retorno que repatria? Portanto, segundo Hölderlin, um *verdadeiro poema moderno*? Deixemos a pergunta provisoriamente sem resposta.

Tendo assim esclarecido, seguindo ao mesmo tempo Aristóteles e Hölderlin, a natureza da arte em geral, indaguemos agora: em que consiste a arte trágica? O que é a tragédia? Aqui, porém, Hölderlin trava um diálogo não apenas com os gregos em geral, mas mais especificamente com Sófocles. Precisemos, pois, a pergunta: o que é o trágico de Sófocles?

O trágico de Sófocles, aos olhos de Hölderlin, não é, de fato, um trágico como o de Ésquilo ou de Eurípides, mas um trágico bastante singular. Digamos numa palavra que é o trágico do retraimento ou do afastamento do divino. Hölderlin dirá: *Gottes Fehl: a falta de Deus.*[19] Todo o trágico de Sófocles, precisará Karl Reinhardt sem todavia se referir expressamente a Hölderlin, "*weist ... auf das*

[19] Friedrich Hölderlin, "Dichterberuf", in *Sämtliche Werke*, t.2, op.cit., p.48.

Rätsel der Grenze zwischen Mensch und Gott", assinala ... o enigma que é a fronteira entre o homem e o Deus[20]. É nisso que é tão diferente do trágico de Ésquilo, para quem o limite não é de modo algum um enigma. Os homens aqui ultrapassam o limite, e, muito freqüentemente, apesar das advertências dos deuses. Eles o ultrapassam, diz Homero, *autoi sphêsin atasthaliêsin*, por eles mesmos, por seus atentados contra eles, e isso *hypermoron*, indo mais longe do que o que lhes é destinado na partilha.[21] Assim Egisto ou Xerxes – e num outro plano, Prometeu. A ação trágica é a história do retorno à ordem que a violação do limite torna necessária. Em Sófocles, ao contrário, é o próprio limite que se furta, e o herói se aventura perigosamente no hiato (*béance*) de um entre-dois, de onde finalmente advém a sua perda. A Creonte, que justifica sua decisão a respeito de Etéocles e Polinices pela diferença entre *chrêstos*

---

[20] Karl Reinhardt, *Sophokles*. Frankfurt am Main, 1947, p.11.

[21] *Odisséia*, Canto I, v.33-34. [Na tradução para o português de Odorico Mendes dos versos aos quais se refere Jean Beaufret, temos: "Em seu regresso o Atrida assassinando,/ Esposou-lhe a mulher, bem que enviado/ O Argicida sutil dissuadisse:/ 'De o matar foge, e poluir seu leito;/ Senão, tem de vingá-lo, adolescente,/ Sendo investido no seu reino, Orestes'." (Homero, *Odisséia*. São Paulo, USP, 1992, p.66) O episódio trata do conselho que o Argicida – que é Hermes, o destruidor de Argos – dá a Egisto, tentando dissuadi-lo de um assassinato e de um casamento espúrio. (N.T.)]

(Etéocles) e *kakos*[22] (Polinices), Antígona replica: *tis hoiden, quem sabe?*[23] Quem sabe se, lá embaixo, a santidade é agir assim?[24] Hölderlin ressalta o que há de único na linguagem trágica de Sófocles – *eigentliche Sprache des Sophokles, linguagem própria de Sófocles*, pois, acrescenta, *Ésquilo e Eurípides sabem objetivar mais o sofrimento e a ira e menos o entendimento do homem, vagando sob o impensável.*[25]

Podemos agora ler o início da terceira parte das "Observações sobre *Édipo*": *A apresentação do trágico depende principalmente de que o formidável* [Ungeheure], *como o deus e o homem se acasalam, e como, ilimitadamente, o poder da natureza e o mais íntimo do homem se unificam na ira, seja concebido pelo fato de que a unificação* [Eineswerden] *ilimitada se purifica por meio de uma separação ilimitada.*[26]

---

[22] *Chrêstos*, "bom, valoroso, valioso"; *kakos*, "ruim, mau, feio". (N.T.)

[23] Trata-se dos v. 520-521 da *Antígona*.

[24] Na tradução da *Antígona* de Guilherme de Almeida e Trajano Vieira, a passagem diz: "Creonte: Mas não diz que o mau tenha o prêmio do justo. Antígona: Não será talvez piedade isso entre os mortos?" (in *Três tragédias gregas*. São Paulo, Perspectiva, 1997, p.64.). Mário da Gama Kury traduz: "Creonte: Mas o homem bom não quer ser igualado ao mau. Antígona: Quem sabe se isso é consagrado no outro mundo?" (*A trilogia tebana*. Rio de Janeiro, Jorge Zahar, 13ª ed., 2008, p.217-8). Roberto Machado, que traduziu a fala de Antígona da versão de Hölderlin, optou por: "Quem sabe, lá embaixo pode haver outro costume?" (*O nascimento do trágico*. Rio de Janeiro, Jorge Zahar, 2006, p.153).

[25] "Observações sobre *Antígona*", p.84 deste livro. (N.T.)

[26] "Observações sobre *Édipo*", p.78 deste livro. (N.T.)

Qual é, portanto, essa *separação ilimitada* pela qual *se purifica a unificação ilimitada* de *deus e homem*? No *se purifica*, não é muito difícil perceber o eco da Catarse de Aristóteles. O tema de Hölderlin é, portanto, exatamente o mesmo de Aristóteles quando trata da tragédia. Mas em que se produz, aqui, a Catarse pela *separação sem reservas* no interior da *unificação ilimitada*?

O caso é que, para Hölderlin, intérprete de Sófocles, o afrontamento do divino e do humano – o *acasalamento*, diz ele *mais audaciosamente* – que é o próprio tema da tragédia, comporta a mais enigmática das mutações: aquela que ele chama, com relação ao próprio divino, de *afastamento categórico*.[27]

Talvez não seja excessivo interpretar essa locução no mínimo insólita como uma transposição intencional do *imperativo categórico* de Kant, por quem os sentimentos de Hölderlin são de adoração: *neste momento, tenho buscado de novo refúgio junto a Kant, como sempre faço quando não suporto mais sofrer.*[28] Mas, sobretudo: *Kant é o Moisés de*

---

[27] Trata-se da expressão *"kategorischen Umkehr"*. Ver nota 5 da tradução das "Observações sobre *Édipo*", p.78 deste livro. (N.T.)

[28] Friedrich Hölderlin, Carta a Neuffer, início dez 1795, in *Sämtliche Werke*, t.6, op.cit., p.187.

nossa nação; quem a retirou do entorpecimento egípcio e a conduziu ao deserto livre de sua especulação, ele trouxe da montanha sagrada a lei que está em vigor. Decerto, eles continuam ainda a dançar em volta de seus bezerros de ouro e seu cozido lhes faz muita falta; eles tiveram de emigrar, no sentido pleno da palavra, até um ermo qualquer para se decidirem a deixar de ser os escravos de seu próprio ventre e a abandonar os hábitos e opiniões mortos, privados de alma e de sentido, sob os quais geme quase inaudível, como se profundamente encarcerado, o que sua natureza viva tem de melhor.[29]

Aqui, todas as palavras atingem o alvo. A lei é efetivamente a do imperativo *categórico*. Sua revelação é um apelo àquilo que nossa *natureza* viva tem de melhor, a saber, a sobriedade *nativa* da qual somos filhos. A moral kantiana frustra o homem de hoje de sua pretensão de "entender a língua da razão intuitiva" que é, diz Kant, a "língua dos deuses" e não aquela dos "filhos da terra" que somos nós.[30] Que o *imperativo categórico* no sentido kantiano contenha em si mesmo alguma coisa do *afastamento categórico*, tal como Hölderlin o nomeará, é

---

[29] Friedrich Hölderlin, Carta a Karl Gock, 1º jan 1799, in *Sämtliche Werke*, t.6, op.cit., p.304.

[30] Carta a Johann Georg Hamman, 6 abr 1774, in *Werke*, t.IX, ed. Cassirer, p.122.

bastante claro. A moral kantiana é uma exclusão de toda teofania. Eliminação da *moral teológica* em prol de uma *teologia moral*, ela não é mais visão de Deus, mas desde já retraimento do divino. A lei é o documento mais próprio desse *retraimento*. Se Deus é presença, é por exclusão de toda "representação intuitiva".

O acontecimento mais essencial da história da relação entre o divino e o humano é, diz Hölderlin na elegia "Pão e vinho", que "O Pai desviou do dos homens o seu rosto."[31]

Sem dúvida ele continua *a viver e agir sem fim*, mas *sobre nossas cabeças, lá no alto, noutro mundo*.[32] A tarefa mais própria do homem, aquela *confiada ao cuidado e aos serviços*[33], é, desde então, a de aprender

---

[31] "Pão e vinho", v.127, tradução de Paulo Quintela, in Hölderlin, *Poemas*, op.cit., p.217. (N.T.)

[32] Jean Beaufret ainda faz referência ao poema "Pão e vinho", v.109-111. Na tradução de Paulo Quintela: "Decerto vivem os deuses,/ Mas lá em cima, noutro mundo, por sobre as nossas cabeças./ Infindamente ali agem e pouco parece importar-lhes." Tivemos de alterar um pouco a tradução para adequá-la aos fins do nosso autor. (N.T.)

[33] Referência ao poema "Dichterberuf" (Vocação de poeta), v.11-14: "*Wenn edler, denn das Wild, der Mann sich/ Wehret und nährt!/ Denn es gilt ein anders,/ Zu Sorg und Dienst den Dichtenden anvertraut!/ Der Höchste, der ists, dem wir geeignet sind*". Na tradução de Paulo Quintela: "Inda que mais nobremente do que os animais o homem,/ Se defenda e alimente!/ Pois é outra coisa que importa,/ Confiada ao cuidado e aos serviços dos poetas. O Altíssimo é a quem nós pertencemos" (in Hölderlin –, *Poemas*, op.cit., p.149). (N.T.)

a suportar a *falta de Deus*, que é a figura mais essencial de sua presença. Saber fazer sua essa tarefa é penetrar na dimensão mais própria do *trágico* e da *tragédia* (*Trauer-spiel*). Com efeito, é a partir do afastamento categórico do divino que o *luto (das Trauern) começa a reinar sobre a terra...*

> *Als der Vater gewandt sein Angesicht von den Menschen,*
> *Und das Trauern mit Recht über der Erde began...*[34]

À assonância em alemão de "*trauern*", "*Trauer*" (luto), "*Trauerspiel*" (tragédia), não se encontra em francês nada que corresponda, não tendo o francês nenhuma palavra propriamente francesa para dizer o que diz o grego "*tragôdia*" que, aliás, não evoca diretamente senão o sacrifício de um bode. Aqui, ao contrário, a língua alemã *pensa* por si mesma, pelo simples fato de *falar*.

Assim, para Hölderlin, o trágico de Sófocles é o documento essencial desse *afastamento categórico* do divino, que é, a seus olhos, a própria essência da tragédia, e que nem Ésquilo nem Eurípides conseguiram "objetivar" tão plenamente. E, em

[34] "Brot und Wein", in *Sämtliche Werke*, t.2, op.cit., p.94. [V. 127-128. Na tradução de Paulo Quintela: "Quando o Pai desviou do dos homens o seu rosto/ E com razão começou o luto na terra." (N.T.)]

Sófocles, são mais especificamente as duas tragédias contrastadas, *Édipo* e *Antígona*, que irão representar o que o poeta trágico tenta representar, a saber, a relação do homem com este *Trauer* que é o afastamento categórico. Donde: *Essa é a situação de Hêmon em Antígona. E a do próprio Édipo no meio da tragédia Édipo.*[35]

Estudemos sob esta ótica, em primeiro lugar, a estrutura da tragédia de Édipo, depois a de Antígona.

◆ ◆ ◆

Édipo de Sófocles é, mais evidentemente que *Antígona*, a tragédia do afastamento categórico. Édipo é, com efeito, *hatheos*[36] (v.661), com toda a força do termo. Não *ateu*, mas desertado tanto quanto possível pelo deus que dele se separa e se afasta. Mesmo quando o "antigo crime", cuja pista ele segue com tanta obstinação, é enfim descoberto, parece que o céu se recusa, dirá Valéry, a "se declarar". Ao invés de ser fulminado pelos deuses, Édipo é, ao contrário, entregue à solidão de uma longa perambulação terrestre que desembocará numa

[35] "Observações sobre *Édipo*", p.80 deste livro. (N.T.)

[36] "Aquele que nega deus, ímpio". Tem também o sentido de "aquele que é abandonado por deus". (N.T.)

segunda tragédia, da qual a primeira é somente o prelúdio. Com efeito, somente *en chronô makrô*[37] lhe será permitido dobrar o cabo dessa vida cheia de provações – *kampsein ton talaipôron bion* (*Édipo em Colono,* v.88-91). Qual é, nesse intervalo, seu destino? Aprender a assumir, ou seja, a tornar seu tal abandono (v.7: *stergein*).

> *Stergein: Eis que as provações, com a ajuda do tempo/ em sua grandeza, além de meu nascimento, ensinam-me.*

Esta segunda *vida* de Édipo, cuja paixão mais própria é o afastamento categórico do divino, constitui a mais extrema excentricidade com relação ao que, para os gregos, é *natureza*, a saber, essa relação com o Um-Todo pela qual eles são nativamente transidos. Ninguém mais do que Édipo se diferencia tanto da unificação aórgica e pânica, cujo retraimento ele conserva tão longa e pacientemente. Nos antípodas do arrebatamento empedocliano que precipita na morte, Édipo, poupado pela morte e devendo aprender a levar uma longa vida de morte *en sursis*, corresponde, no mundo grego, ao mais alto triunfo da *Arte* tomando distância da *Natureza*.

---

[37] "Após um longo tempo". (N.T.)

A tragédia de Édipo é, no mundo grego, a obra-prima "cultural" por excelência. Eis por que a arte de Sófocles é, para nós, *insuperável*. Eis também por que, para nós que somos o contrário dos gregos, *Édipo* constitui um modelo *indispensável*, se quisermos parar de brilhar no *entusiasmo excêntrico* para escrever enfim uma *verdadeira tragédia moderna*, isto é, não uma tragédia da morte violenta, como exige a natureza grega, mas uma tragédia da morte lenta, mais essencialmente conforme a nossa natureza. *Pois o trágico em nós está em deixar lentamente o mundo dos vivos, empacotados numa simples caixa. Semelhante destino não é muito imponente, mas é mais profundo*. E aqui, as "Observações sobre *Antígona*" fazem eco à carta a Böhlendorf que acabamos de citar: *uma forma de arte verdadeiramente conforme ao que nos é nativo*[38] *seria, como é fácil comprovar, aquela em que a palavra é eficaz de modo mais mortificante do que mortífero; não termina propriamente com assassinato ou morte, embora seja nisso que se apreende o trágico, e sim mais ao gosto de* Édipo em Colono, *de modo que a palavra de uma boca entusiasmada é terrível e mata, mas não segundo a compreensão grega, em um espírito*

[38] Beaufret traduz livremente a expressão "*vaterländischeren Kunstform*", que foi aqui traduzida por "forma artística mais patriótica". Cf. "Observações sobre *Antígona*", p.90 deste livro. (N.T.)

atlético e plástico, onde a palavra captura o corpo de modo que este mata.[39]

Assim, *Édipo* é a tragédia do afastamento categórico que, por sua vez, o afastamento do homem enfrenta ao assumir a destinação de uma vida na qual ele se estabelece de modo permanente, respondendo à infidelidade divina com uma outra infidelidade que, nos antípodas do ateísmo vulgar, é guardiã da infidelidade do deus cuja *falta* desde então não cessa de ser um *socorro*. Esse é o "momento" essencial da tragédia. *Nesse limite, o homem esquece de si, porque está inteiramente no momento; o deus, porque é apenas tempo; e ambos são infiéis: o tempo porque ele vira categoricamente em um tal momento, e nele início e fim simplesmente não mais rimam; o homem, porque nesse momento ele tem que seguir o afastamento categórico, e com isso, em seguida, simplesmente não pode se igualar ao que era no início.*[40]

Seria difícil encontrar, desde que o mundo é mundo, um texto que diga tanto em tão poucas palavras e com uma densidade tão compacta. Surpreende-nos que essa frase possa ter sido impressa tal e qual, como ela o foi, no entanto, no livro publi-

[39] "Observações sobre *Antígona*", p.91 deste livro. (N.T.)
[40] "Observações sobre *Édipo*", p.80 deste livro. (N.T.)

cado em 1804 em Frankfurt por Friedrich Wilmans, e dedicado à princesa Augusta de Homburg.

Nesse limite, o homem esquece de si, porque está inteiramente no momento. Wolfgang Schadewaldt, em sua bela introdução à reedição das *Tragédias de Sófocles* traduzidas por Hölderlin, escreve sobre esse tema: "Isso significa que, numa tal atribulação do tempo, o homem não pensa mais nem para a frente nem para trás."[41] Esse comentário está em exata consonância com os últimos versos de um poema que Schadewaldt não cita, mas que data provavelmente da mesma época das "Observações":

> *E sempre*
> *Há uma saudade pra o ilimitado. Mas muitas coisas*
> *Há a guardar. E é necessária a fidelidade.*
> *Mas pra a frente e pra trás não queremos*
> *Nós ver. Deixemo-nos embalar, como*
> *Em batel baloiçante no mar.*[42]

É assim que o homem *esquece de si* no *momento* em que afugenta tanto a sua memória quanto sua

[41] *Sophokles Tragödien, deutsch von Friedrich Hölderlin*. Frankfurt am Main, Fischer, 1957, p.39.

[42] *Sämtliche Werke*, t.2, op.cit., p.197. [Trata-se do poema "Mnemosina", terceira versão, conforme tradução de Paulo Quintela in Hölderlin, *Poemas*, op.cit., p.393. (N.T.)]

espera em prol do aparecimento de um presente que o guarda e o embala como em batel baloiçante no mar. Ele *esquece de si*, isto é, liberta-se certamente *dos hábitos e opiniões mortos, privados de alma e de sentido*, de que falava a carta de 1º de janeiro de 1799. Mas não menos se liberta da *nostalgia* empedocliana de precipitar ou forçar o *momento*, pretendendo unir-se de um salto com o ardor (*foyer*) do Um-Todo. Semelhante *esquecimento* é, portanto, para o homem, o nascimento de uma *memória* de si mesmo mais profunda do que tudo o que pensava ser até então. Se é necessária a *fidelidade*, mais essencial ainda é a *infidelidade* na qual ele se afasta *como um traidor*, assumindo assim a *diferenciação* pela qual, em correspondência com o afastamento categórico do divino, ele é mais autenticamente ele próprio do que pela nostalgia do Um-Todo. Em outros termos, se, como diz o poema, *muitas coisas há a guardar* (*Vieles aber ist zu behalten*), é a infidelidade divina que é, como dizem as "Observações", *o que há de melhor para lembrar* (*am besten zu behalten*), é ela que é preciso aprender a guardar em si da melhor maneira possível. Só então *o curso do mundo será sem lacuna e a memória do divino não escapará*. O homem de um tal retorno ou, se se preferir, de uma tal *volta*, ou melhor ainda, de uma tal *re-volta*, não é um *revoltado* no sentido ordinário da palavra. Pois a revolta no sentido do retorno ao nativo, em vez de precipitar os homens no frenesi da imprecação, como Prometeu na tragédia de Ésquilo, é o aparecimento no mundo de uma *eusebeia* (*Antígona*, v.924), de uma piedade, ou seja, de uma correspondência sem precedentes com o divino, que já era a destinação de Édipo, que será o *batel* da humanidade moderna, e que os últimos poemas de Hölderlin trarão à fala, poemas nos quais, diz Beda Allemann, são "mantidos separados mundos que, de outra maneira, só poderiam corromper-se ao se misturarem"[43].

Não podemos deixar aqui de pensar de novo em Kant e na piedade kantiana, tão ciosa de seu "separatismo"[44] ao manter a distinção entre o que o filósofo chama *fenômeno* e *noúmeno*, e em eliminar o que ele chama desde 1770 *sensitive cognitionis cum intellectuali contagium*, mantendo em seu domínio o conhecimento humano, de tal modo que seus *principia domestica* não transgridam mais seus limites (*terminos suos*) para, na confusão, ir insultar o imaculado, que é como o mundo in-

---

[43] Beda Allemann, *Hölderlin et Heidegger*, tradução François Fédier. Paris, PUF, 1959, p.171.

[44] *Der Streit der Fakultäten*, in *Werke*, t.VII, op.cit., p.386.

teligível deve permanecer. A aproximação pode surpreender. A meditação de Kant é, contudo, tão essencial ao pensamento de Hölderlin que, como acabamos de evocar acima, é junto a Kant que ele sempre busca um refúgio, quando não suporta mais sofrer. Retenhamos simplesmente o fato de que Hölderlin aprofunda o pensamento kantiano num sentido totalmente diferente não apenas de Fichte, cujos cursos ele seguiu em Iena, em 1794, mas também de seus amigos Hegel e Schelling, cujo idealismo tentará, ao contrário, eliminar da filosofia a distinção radical que Kant nela tinha se não estabelecido, ao menos fundado e mantido – semelhante Idealismo sendo talvez, dirá Heidegger, "o esquecimento crescente daquilo pelo qual Kant tanto teria se batido".[45]

Mas voltemos às "Observações sobre *Édipo*". Por que, após ter dito que o homem reenviado a si mesmo pelo afastamento categórico do divino *esquece de si*, Hölderlin acrescenta que o Deus do afastamento categórico *nada mais é do que tempo*? Duas linhas antes, ele tinha especificado que "*no limite extremo do sofrimento só restam, de fato, as condições do tempo ou do espaço*". Aqui a referência a

[45] *Kant und das Problem der Metaphysik*, §45.

Kant é ainda mais transparente do que, há pouco, a relação entre o afastamento categórico e o imperativo categórico, e do que, há um instante, aquela entre a infidelidade divina e o caráter incognoscível do noúmeno. As *condições* do tempo ou do espaço significam em linguagem kantiana aquilo pelo que o tempo ou o espaço são essencialmente eles próprios, abstração feita das "afecções", que são as únicas a lhes dar um conteúdo. Kant chama essas "condições" também de formas *puras* ou *vazias* do tempo ou do espaço. O deus que *nada mais é do que tempo* e o tempo tendo sido reduzido ele próprio àquilo que é nele pura "condição", isto é, à sua forma pura e vazia, não será, portanto, o próprio retraimento ou o afastamento do deus tal como ele abandona o homem em face da imensidão vazia do céu sem fundo? A partir daí, deus não é mais um pai, nem um amigo, nem mesmo um adversário a combater. É apenas o que Baudelaire designará "o azul do céu imenso e redondo"[46] e Valéry "o imenso relógio de luz que mede o que manifesta e manifesta o que mede"[47], mas sob o qual se estende

[46] Charles Baudelaire, "La chevelure". [Trata-se do poema "A cabeleira", que integra *As flores do mal*. Há uma tradução para o português de Ivan Junqueira, pela Editora Nova Fronteira, 2006. (N.T.)]
[47] Paul Valéry, *Mauvaises pensées et autres*, Corti, p.53.

até sua mais extrema distância a *vida habitante*[48] dos mortais. Esse pleno céu da infidelidade divina de onde, no entanto, vêm até nós *as batidas da hora em timbre de ouro* (*Antígona*, v.950) é o que a poesia mais tardia de Hölderlin não cessa de celebrar.

> Na suave clareza do azul floresce
> Num teto de metal, o campanário. Ao redor
> Plana o chamado das andorinhas,
> Cerca-o um azul de comover a alma. O sol
> Passa abaixo, altaneiro, e colore o zinco,
> Mas no vento, lá no alto, tranqüilo,
> Grita o cata-vento.[49]

Sob o assalto do azul e de sua luz que atravessa do começo ao fim a estadia dos homens, no abalo também da tempestade e de seus relâmpagos que ainda são a seu modo a bênção do deus inacessível, o *coração* permanece *contudo firme*, pois ele sabe agora suportar também o vazio do céu sem fundo. No poema cujos primeiros versos acabamos de bem ou mal traduzir, lemos:

---

[48] Friedrich Hölderlin, *Sämtliche Werke*, t.2, op.cit., p.312.
[49] Ibid., p.372. [Há uma tradução para o francês desse poema in Hölderlin, *Oeuvres*, col. Pléiade. Paris, Gallimard, 1967, p.939. (N.T.)]

É Deus desconhecido?
É manifesto como o céu? Eis aí
O que prefiro acreditar.

"Semelhante questionamento não remete", especifica Beda Allemann, "a qualquer alternativa. Ser manifesto como o céu livre e vazio é, muito antes, a própria maneira de Deus ser infiel aos homens."[50] Por que haveria de nos surpreender que, no fim do mesmo poema, reapareça a imagem de Édipo? Aquele cujo destino foi precisamente o de ter de corresponder ao afastamento categórico, sendo chamado, diz Hölderlin, *num clima de peste, de confusão de espírito, de profetismo universalmente excitado, no meio de um tempo morto*, a viver a *comunicação* recíproca entre o divino e o humano *na figura totalmente esquecedora da infidelidade*[51], na medida em que ela abre um deserto pânico do tempo e do espaço onde até então reinava o tempo homérico, dito de outra maneira, o tempo

---

[50] Beda Allemann, *Hölderlin et Heidegger*, op.cit., p.238.

[51] Beaufret traduz livremente a frase "*wo unter Pest und Sinnesverwirrung und allgemein entzündetem Wahrsagergeist, in müssiger Zeit ... in der allvergessenden Form der Untreue sich mitheilt*", que foi aqui traduzida por "em meio à peste e à confusão de sentido e a um espírito divinatório inflamado por toda parte, em um tempo inoperante ... na forma da infidelidade, esquecedora de tudo." Cf. "Observações sobre *Édipo*", p.79 deste livro. (N.T.)

No qual o céu sobre a terra
Andava e respirava num povo de deuses.[52]

Chegamos agora à terceira dificuldade de nosso texto. Por que Hölderlin diz afinal que o tempo nascido com o afastamento categórico, esse tempo reduzido à sua "condição", ou seja, à pureza de seu vazio, não deixa mais *rimar* nele, início e fim? Se buscarmos compreender essa afirmação singular fora do contexto, e como uma proposição sobre o tempo em geral, é grande o risco de que ela permaneça impenetrável. O mesmo não se dá se entendemos início e fim não como características de um processo temporal em geral, mas como o início e o fim da tragédia. Nas primeiras linhas das "Observações sobre *Antígona*", retomando o que havia desenvolvido a respeito de Édipo, Hölderlin apresenta as tragédias de Édipo e de Antígona como a articulação de duas partes separadas e unidas por uma *cesura*, de tal modo que, diz ele, no segundo caso, *o equilíbrio pende mais do início para o fim, do que do fim para o início.*[53] Daí haver, entre as duas tragédias, uma diferença de *ritmo*. Nos dois casos, é a intervenção divinatória

[52] Alfred de Musset, início de "*Rolla*".
[53] Cf. "Observações sobre *Antígona*", p.81 deste livro. (N.T.)

de Tirésias que constitui a *cesura*, isto é, o exato momento a partir do qual se inflama e se precipita o movimento *excêntrico*, que é para o homem o acasalamento de deus e homem. Mas o que precede a *cesura* se estende muito mais longamente em *Antígona* do que em *Édipo*, tanto que o fim deve aí ser, por assim dizer, *protegido* contra esta extensão do início; enquanto em *Édipo* o equilíbrio se estabelece segundo uma proporção inversa das duas partes. Resta, no entanto, que, nas duas tragédias, é o aparecimento de tal *cesura* que, segundo as palavras de Hölderlin no *Fragmento de Hyperion* – que Schiller publicara já em 1794 na sua revista *Neue Thalia* –, *faz brilhar o grande segredo, aquele que dará a vida ou a morte.*

A intervenção do adivinho na ação trágica não é exclusiva das tragédias de Sófocles. Em *Agamenon* de Ésquilo, por exemplo, mal Agamenon entra em seu palácio, Cassandra vê, como que através dos muros, a execução do crime, depois prevê a chegada de Orestes. Mas aqui o clamor da voz profética não tem a significação de uma "cesura". Ela é muito antes a confirmação do que já era esperado. Mal a luz da chama anunciadora da tomada de Ílion rasgou a noite, tudo já estava dito:

Os fatos passam-se conforme devem;
Caminha tudo para o fim marcado
E nem a lenha de lustral fogueira
Nem abundantes libações nem lágrimas
Tornam propícias oferendas ímpias.[54]

E, no rei vitorioso que desce de sua carruagem para pisar o tapete de púrpura que sob seus pés Clitemnestra estende, reconhecemos já um condenado à morte. Nada mais propriamente esquiliano que uma ação trágica que se inicia pela palavra "*teleitai*", "está feito", antes mesmo de ter começado. Assim, tudo se encadeia, de ponta a ponta, até a absolvição final de Orestes pelo tribunal das Eumênides, sem "lacuna" certamente, mas também sem "cesura". Assim é a marcha do destino que não cessa de se transformar a si mesmo até sua figura mais exata, a partir de uma transgressão inicial. O que há de mais dessemelhante, ao contrário da figura real de Édipo no início da tragédia, que a do exilado que começa, através do mundo grego, sua perambulação cega? Aqui, na abertura do tempo trágico, que nada mais é do que o afastamento do deus,

[54] *Agamemnon*, v.68-71. [Ésquilo, *Oréstia: Agamêmnon, Coéforas, Eumênides*, tradução Mário da Gama Kury. Rio de Janeiro, Jorge Zahar, 7ª ed., 2006. (N.T.)]

início e fim... não mais rimam. A diferença entre um "até aqui" e um "doravante" torna-se essencial.[55] Alguma coisa mudou fundamentalmente. Assim o exige a intervenção da "cesura".

O homem "cesurado" até o mais fundo de si pela ameaça de seu acasalamento com o divino, pensado por sua vez como "categoricamente afastado": eis aí, portanto, o trágico da verdadeira tragédia moderna, como nos é anunciado no *Édipo* de Sófocles. Talvez não seja impossível entrever que essa metamorfose radical do homem pela verdade moderna do trágico possa, ainda uma vez, de certo modo, estar em consonância com um pensamento de Kant, se nos referirmos ao livro tardio e tão violentamente desacreditado que foi, em 1793, a *Religião nos limites da simples razão*. O acesso do homem à moralidade é aí interpretado, segundo o espírito do Cristianismo, não como uma simples "melhora", mas como uma verdadeira "revolução" das profundezas[56] por meio da qual "despimos o

---

[55] Cf. *Édipo*, v.1525-1527; *Antígona*, v.1161-1165. [Édipo: "Em seus dias passados de prosperidade invulgar/ Em que abismos de imensa desdita ele agora caiu!"; Antígona: "Créon, ainda há pouco era digno de inveja:/ tinha libertado esta terra de Cadmo,/ governava como um senhor absoluto,/ cercado por nobre geração./ Pois perdeu tudo isso." In *Três tragédias gregas*, op.cit. (N.T.)]
[56] Immanuel Kant, in *Werke*, t.VI, p.187.

velho homem para vestir um homem novo". Essa "metamorfose do coração" – *Herzenänderung*, diz Kant – evidentemente não tem em seu pensamento a significação e o alcance que terá para Hölderlin o que este chama *gänzliche Umkehr aller Vorstellungsarten und Formen* – a reversão total de todos os modos e de todas as formas de representação. Ela não deixa de ser uma transmutação (*Umwandlung*) segundo a qual o anterior e o ulterior, o início e o fim não podem mais rimar um com outro, e que põe em questão a própria essência do tempo em sua relação com os *heilige Geheimnisse*[57], com a natureza "santamente secreta" da liberdade. Essa relação de Hölderlin com Kant, que permaneceu secreta à filosofia, é cronologicamente anterior ao desenvolvimento do Idealismo Alemão que, no entanto, será elevado às alturas pelos dois companheiros de juventude que foram, para Hölderlin, Hegel e Schelling. Todavia, escreverá Heidegger, pode-se dizer dos novos filósofos que eles "saltam por cima"[58] do pensamento de Kant mais do que o "ultrapassam". A obra de Kant, continua ele, "permanece como uma fortaleza não conquistada na retaguarda do novo front". Talvez

[57] Literalmente: "sagradamente secreta". (N.T.)

[58] Martin Heidegger, *Die Frage nach dem Ding*. Tübingen, Max Niemeyer, 1962, p.45.

o mesmo aconteça com a poesia de Hölderlin, se ela permanece como a tarefa que ninguém pôde ainda realizar, tanto é ela ultrapassante no âmago de sua proximidade.

◆ ◆ ◆

Se passarmos agora de Édipo a Antígona, um primeiro paradoxo nos surpreende. Segundo a cronologia provável à qual se referem os historiadores, a tragédia de Antígona seria aproximadamente dez anos anterior à primeira tragédia de Édipo. Hölderlin, ao contrário, sem se explicar, inverte a probabilidade cronológica, e o livro que o editor Wilmans publica na primavera de 1804 apresenta a *Antígona* depois de *Édipo*. Aliás, parece que o poeta meditou mais detidamente a tradução de *Antígona* que a de *Édipo*, de modo que, diz Wolfgang Schadewaldt: "*Édipo* é, em seu conjunto, mais preciso, mais compreensível, mais dramaticamente tenso; *Antígona*, ao contrário, é uma obra mais profunda, mas também mais obscura, mais inacessível, mais *incomunicativa*."[59] Como enfrentar essa diferença? Talvez um pouco de luz sobre esse ponto possa nos advir da interpretação do "célebre" diálogo entre Antígona e Creonte.

[59] Wolfgang Schadewaldt, op.cit, p.11.

Como acontece com todos os pontos altos da literatura grega – quer se trate, por exemplo, do fragmento 3 do poema de Parmênides, que fala da relação entre o pensamento e o Ser, quer, em Tucídides, do parágrafo 22 do primeiro livro da *Guerra do Peloponeso*, no qual o autor define seu projeto de historiador –, a interpretação deste diálogo permanece especialmente problemática. Tanto mais que o texto nos é transmitido de maneira incerta. A interpretação correntemente aceita consiste em mostrar Antígona recorrendo a Zeus e a *Dikè* contra a injustiça do decreto de Creonte:

> CREONTE
> Apesar de tudo, ousaste transgredir minhas leis?
>
> ANTÍGONA
> Porque não foi Zeus quem a ditou, nem foi
> A que vive com os deuses subterrâneos
> – a Justiça [*Dikè*] – quem aos homens deu tais normas.[60]

Com extremo rigor, é teoricamente possível ler assim o texto de Sófocles. O próprio Hölderlin

[60] *Antígona*, v.449ss. [Cf. *Três tragédias gregas*, op.cit., p.62. (N.T.)]

o faz, com a diferença de que Zeus é chamado por Antígona: *Meu Zeus*, e assim é oposto ao Zeus de Creonte. Essa leitura pareceu, contudo, inaceitável a Karl Reinhardt[61], tanto em relação à forma quanto ao fundo. Se lermos o texto de Sófocles inspirando-nos na leitura de Reinhardt, senão reproduzindo-a textualmente, entenderíamos antes assim as palavras de Antígona:

CREONTE
Não obstante, ousaste infringir minhas leis?

ANTÍGONA
Certamente não foi Zeus quem me conclamou a fazer o que fiz.
Tampouco a Dikè, que habita com os deuses de baixo,
Fixou entre os homens as leis que faço minhas.
Muito menos de tua parte um edito
Pôde a um mortal dar licença de passar por cima
De leis que, não escritas, inabaláveis, são dos deuses.
Na verdade não é de hoje nem de ontem mas de sempre

[61] Essa também é a leitura de Wolfgang Schadewaldt em sua recente tradução de *Antígona*, in *Griechisches Theater*, Frankfurt am Main, Suhrkamp, 1964.

> Que essas leis estão em vigor, e ninguém sabe de
> onde é que brilham.

Nem proclamadas do alto, nem estabelecidas de baixo, mas emanando do próprio centro: tais são, portanto, para Antígona, as leis.

Hölderlin, repitamos, não lê assim o texto de Sófocles. Mas é possível que a meditação sobre essa leitura contribua para esclarecer o sentido no qual sua interpretação já se aventura. Pois se não foi nem do alto, Zeus, nem de baixo, Dikè, que inspiraram a Antígona sua conduta, de quem, então, recebeu o sinal? De quem, senão dela mesma e da audácia com a qual ela pretende, transgredindo as leis somente *estatutárias* de Zeus e Dikè, adentrar um conhecimento mais imediato das leis em si mesmas mais divinas e mais santas, aquelas que "sempre vigoraram sem que ninguém soubesse de onde irradia sua luz"? Como Édipo solicitando de maneira "demasiado infinita" a palavra do oráculo, a herética Antígona arroga-se a partilha dos deuses. Ela age, desde então, *no mesmo sentido que Deus*, mas de algum modo *contra* Deus, realizando nela mesma, tanto quanto é possível ao homem, a figura do *Antithéos* que lhe será fatal. Pois o "Pai do Tempo" repele mais decisivamente para a terra a audácia do usurpador, que ele deixa "sem aliado" em razão de sua desmesura. Vê-se aqui o quanto a interpretação de Hölderlin ultrapassa em profundidade e em alcance a futura interpretação de Hegel, que verá na *Antígona* tão-somente o conflito entre a família e o Estado ou, dito de outro modo, entre o feminino e o viril, o feminino sendo "a eterna ironia da comunidade". Seu "zelo obstinado", diz Hegel, "transforma, pela intriga, o objetivo universal do governo em um objetivo privado, transforma sua atividade universal em uma obra particular de tal ou tal indivíduo e perverte a propriedade universal do Estado em uma posse que a família ostenta".[62] Esse conflito, para Hegel, "é o conflito moral supremo e, por conseguinte, a culminação do conflito trágico".[63]

É muito além desse conflito que Hölderlin descobre o trágico de *Antígona*. Mais essencial do que a oposição entre o feminino e o viril é o afrontamento do divino e do humano como Píndaro sabia e

[62] Georg W.F. Hegel, *Phänomenologie*, Leipzig, Hoffmeister, 1937, p.340.

[63] Georg W.F. Hegel, *Princípios da filosofia do Direito*, §166. [Na tradução de Orlando Vitorino (São Paulo, Martins Fontes, 2000, p.156): "Essa oposição é a oposição moral suprema, portanto a mais essencialmente trágica". A tradução francesa por "conflito" é questionável, uma vez que o original em alemão é *"ein Gegensatz, der der höchste sittliche und darum der höchste tragische"* (N.T.)]

como também Heráclito fizera nascer diretamente de *polemos*, que é um outro nome para *logos* ou *physis*: "*polemos* é de todas as coisas pai, de todas as coisas rei; a uns mostrou deuses, a outros, homens; de uns fez escravos, de outros livres".[64] É de uma mesma origem, portanto, que deuses e homens se separam uns dos outros, mas uns para os outros. "Respiramos de uma mesma mãe", dizia Píndaro, mas nas duas pontas da distância que separa do nada o céu imutável.[65] Quando o homem perde o sentido dessa distância ao tentar se acasalar com o divino, é então que para ele se abre a dimensão do trágico na qual o tornar-se um ilimitado do homem e do deus só se purifica por uma separação ilimitada como no caso do "ateísmo" de Édipo, reenviado à terra onde lhe é confiada, a seus cuidados e serviço, a guarda da ausência do deus – a não ser que, como em *Antígona*, o deus se torne imediatamente presente na figura da morte. Ambos os desenlaces são a revelação de um Zeus *mais propriamente ele mesmo* que o Zeus estatutário, isto é, aquele cujo nome é: *Pai do Tempo*.

[64] Heráclito, fragmento 53. [Citado conforme Heráclito, *Fragmentos, origem do pensamento*, tradução Emmanuel Carneiro Leão (aqui ligeiramente modificada). Rio de Janeiro, Tempo Brasileiro, 1980, p.83. (N.T.)]
[65] Píndaro, *Sexta Neméia*.

O aparecimento de Zeus como Pai do Tempo, embora ele receba esse nome apenas em *Antígona*, talvez corresponda ainda mais ao trágico de Édipo do que ao de Antígona. *Meu Zeus*, diz Antígona. Mas esse Zeus do qual ela se apropria, se o Antithéos do qual ela assume o frenesi lhe arranca a revelação das leis, logo a precipita na morte. Na realidade, o Pai do Tempo só o é plenamente para aqueles cuja vida abriga o destino. Portanto, desta prefiguração de Antígona, que é em certo sentido Dânae[66], para quem o acasalamento com o divino se purifica na separação infinita ao invés de se perder na morte, Hölderlin poderá dizer:

Ela contava para o Pai do Tempo
As batidas da hora em timbre de ouro.[67]

---

[66] Dânae era uma princesa de Argos no Peloponeso grego, filha do rei Acrísios. Quando seu pai soube da profecia que o destinava a ser morto pelo filho de sua filha, enclausurou Dânae em uma câmara de bronze subterrânea. Sua prisão, no entanto, foi facilmente violada por Zeus, que a penetrou na forma de uma chuva dourada. Ela concebeu e deu à luz Perseu, o lendário fundador de Micenas. Assim que Acrísios soube do ocorrido, colocou Dânae e seu filho em uma arca e os entregou ao mar para a morte certa. Pela providência dos deuses, ambos foram levados em segurança para a ilha de Sérifos, reino de Polidectes, onde o pescador Dictis os recebeu e os abrigou em sua casa. (Fonte: http://www.theoi.com/Heroine/Danae.html – Dictionary of Greek and Roman Biography and Mythology) (N.T.)

[67] Cf. "Observações sobre *Antígona*", p.86 deste livro. (N.T.)

Mas Dânae, em *Antígona*, afigura talvez mais do que Antígona, e *através* dela, Édipo, cujo destino foi, com efeito, contar tão longamente em face do Pai do Tempo as batidas da hora em timbre de ouro. Mas por que Zeus enquanto "mais propriamente ele mesmo" é chamado Pai do Tempo? Talvez o compreendamos pela leitura de um poema pouco anterior à tradução das tragédias de Sófocles. É, com efeito, de uma época posterior a 1800 que podemos datar o poema intitulado "A natureza e a arte ou Saturno e Júpiter".[68] "Natureza" e "arte", as duas palavras fazem eco ao contraste do "nativo" e do "cultural", cuja relação, *em nosso caso*, contrasta, por sua vez, com aquilo que ela foi no mundo dos gregos:

Alto tu reinas no dia e a tua lei
Floresce, tens na mão a balança, filho de Saturno!
E repartes as sortes e ledo repousas
Na glória das artes imortais do domínio.

Mas dizem os Poetas que para o abismo
O sacro Pai, o teu próprio, outrora
Desterraste e que lá em baixo se chora,
Onde os Indómitos estão justamente antes de ti,

[68] In *Sämtliche Werke*, t.2, op.cit., p.37ss.

Inocente o deus da idade de ouro há já muito:
Outrora sem custo e maior que tu, embora
Não tenha ditado nenhum mandamento
E nenhum dos mortais por nome o nomeasse.

Pra baixo pois! ou não te envergonhes da gratidão!
E se queres ficar, serve ao mais velho
E concede-lhe que antes de todos,
Deuses e homens, o Poeta o nomeie!

Pois, como das nuvens o teu raio, assim dele
Vem o que é teu, olha! dá dele testemunho
O que tu ordenas, e da paz
De Saturno cresceu todo o poder.

E quando eu no coração tiver algo de vivo
Sentido e alvoreça o que tu formaste,
E no seu berço tiver passado a dormir
Em delícia o tempo mudável,

Então eu reconheço, ó Crónion! então te ouço, a ti
Sábio mestre que, como nós, um filho
Do Tempo, das leis, e quanto
O santo crepúsculo esconde, anuncias.[69]

---

[69] Friedrich Hölderlin, "A natureza e a arte, ou Saturno e Júpiter", tradução de Paulo Quintela, in Hölderlin, *Poemas*, op.cit., p.140-3. (N.T.)

O Zeus "mais propriamente ele mesmo" e que "dá leis", como o deus que Antígona chama de "meu Zeus", é assim aquele que, rememorando-se de sua própria linhagem, volta a ser o filho de Cronos e reconhece que *deste provém tudo o que é seu*. O advento de Zeus à enigmática figura do Pai do Tempo é como a *Vaterländische Umkehr* do próprio Zeus, sua volta àquilo que lhe é essencialmente nativo, seu retorno da excentricidade relativa da arte ao segredo da natureza mais difícil de ser conquistado, cujo contraste todo-poderoso domina até mesmo o divino.

> Um mistério é o que brota em pureza. E mesmo
> O canto mal pode desvendá-lo. Pois
> Como começaste, assim hás-de ficar,
> Por mais forte que seja a necessidade
> E a disciplina; é que o que mais pode
> É o nascimento,
> E o raio de luz
> Que atinge o recém-nascido.[70]

Mas qual é o tempo do Zeus que voltou a ser o Pai do Tempo, ou, dito de outro modo, do Zeus

---

[70] "Der Rhein", estrofe 4, in *Sämtliche Werke*, t.2, op.cit., p.143. [Ed. bras.: "O Reno", tradução de Paulo Quintela, in Hölderlin, *Poemas*, op.cit., p.328-31. (N.T.)]

"mais propriamente ele mesmo"? O próprio tempo da tragédia, aquele que se abre ao homem se ele se arrisca até o acasalamento de deus-e-homem, e que, a partir de então, se reduz ao vazio de sua pura "condição", de tal modo que Zeus, como Pai do Tempo, é bem menos aparecimento antifânico do que afastamento categórico ao qual corresponde, da parte dos homens, a volta purificadora que os reconduz à sua terra, onde, até a morte imediata ou tardia, enfrentam tragicamente o retraimento do divino.

Pressentimos assim na *Antígona* de Hölderlin, na qual aparece a figura do Pai do Tempo, um aprofundamento do pensamento do trágico semelhante àquele que a tragédia de Édipo já continha. Esse aprofundamento remete, por sua vez, a duas diferenças que, relativamente a Édipo, vão levar Antígona ao cúmulo de um brilho quase insustentável.

A primeira dessas diferenças decorre da própria composição da tragédia como junção, de um ao outro, dos dois "princípios" que ela encena, chamados por Hölderlin *das Unförmliche* e *das Allzuförmliche*: o que se furta ao formal e o excessivamente formal. Longe de serem apenas opostos, como em *Ájax*, ou mesmo em *Édipo*, *Antígona* no-los mostra postos *em igualdade* um em relação ao outro, de tal sorte que os acontecimentos se desdobram na ótica de uma imparcialidade que Hölderlin chega a qualificar de *republicana*. Nenhum dos dois protagonistas tem qualquer vantagem sobre o outro. Eles só se diferenciam, diz o poeta, *segundo o tempo*, como dois corredores de igual força, um dos quais só perde, exausto, porque largou em primeiro. Se o outro ganha, é simplesmente por ter partido depois. Mas quem perde e quem ganha? Hölderlin não o diz explicitamente. Talvez seja permitido pensar que Creonte ganha, pois só entra na competição depois do desafio de Antígona. Portanto, a ele resta mais fôlego. Mas será que ele ganha de fato? E a vida que lhe resta na partilha não será muito mais deplorável que o destino de Antígona? Eis por que podemos compreender também, com Wolfgang Schadewaldt, que é Creonte quem perde por ter tomado a frente através de seu edito, e é Antígona quem ganha, uma vez que só age "em reação a Creonte"[71]. Mas será que se trata mesmo de Creonte e de Antígona? O grande momento da imparcialidade trágica da qual fala Hölderlin é a do coro que precede imediatamente a chegada de Tirésias. *Esse*

---

[71] Wolfgang Schadewaldt, op.cit., p.59.

coro insólito, diz Hölderlin, *liga-se da melhor forma possível ao todo, e sua fria imparcialidade é ardor, precisamente na medida em que é tão conveniente.*[72]

No coro em questão (v.944-987 da tragédia de Sófocles), são evocados sucessivamente três destinos que prefiguram o destino do herói trágico: o de Dânae, o do filho de Drias e o dos dois filhos de Fineu. Mas Dânae, que só foi escondida em uma prisão subterrânea pela prudência de seu pai, muda de natureza aqui. Agora, é dos deuses que se torna vítima. Assim, o sêmen de Zeus que lhe chega ao esconderijo também muda de natureza. Hölderlin escreverá, portanto, ao invés de: *ela guardava para Zeus o devir e seu fluxo de ouro*[73]:

> *Ela contava para o Pai do Tempo*
> *As batidas da hora em timbre de ouro.*

---

[72] Beaufret traduz livremente a frase *"In sofern passet der sonderbare Chor, von dem hier eben die Rede ist, aufs geschickteste zum Ganzen, und seine kalte Unpartheilichkeit ist Wärme, eben weil sie so eigentümlich schicklich ist"*, que foi aqui traduzida por "Neste sentido, o estranho coro mencionado aqui é o que se ajusta mais convenientemente ao todo, e sua fria imparcialidade é calorosa precisamente por se ajustar de modo tão conveniente". Cf. "Observações sobre *Antígona*", p.88 deste livro. (N.T.)

[73] Beaufret traduz livremente a frase *"statt: verwaltete dem Zeus das goldenströmende Werden"*, que foi aqui traduzida por "em vez de: ela administrava para Zeus o fluxo de ouro do devir". Cf. "Observações sobre *Antígona*", p.86 deste livro. (N.T.)

Aqui o leitor fica perplexo, não tanto por causa da transformação introduzida, mas pelo fato de que Sófocles parece antes falar do *sêmen* de Zeus do que mais genericamente do *devir*. Deve-se pensar aqui, como lembram Helligrath, Reinhardt e Schadewaldt, que o conhecimento que Hölderlin tinha do grego era limitado? Outros "desvios de tradução" poderiam levar à mesma conclusão. Todavia, acrescenta Karl Reinhardt,[74] mesmo uma leitura mais rigorosa do texto de Sófocles nos deixa em apuros quanto à natureza das modificações introduzidas pela tradução. Não obstante, Hölderlin se explicou a seu editor sobre essas modificações numa carta de setembro de 1803: *Da arte grega, que nos é estrangeira por causa de sua adaptação à natureza grega e de defeitos com os quais sempre soube se acomodar, espero dar uma apresentação mais viva do que habitualmente, fazendo ressaltar mais o elemento oriental que ela renegou e corrigindo, quando possível, seus defeitos estéticos.* O elemento oriental é aqui o ar nativo dos Filhos do Fogo que são os gregos, o qual, às vezes, eles *dão folga* (*ont chômé*) ou mesmo *renegam* em favor de seu contrário, a *sobriedade da*

[74] Karl Reinhardt, "Hölderlin und Sophockles", in *Hölderlin*. Tübingen, Mohr-Siebeck, 1961, p.297ss.

exposição. Orientalizar a tradução de Sófocles será, portanto, tornar a tragédia grega mais ardente do que poderia parecer ao leitor moderno, que, ao contrário dos gregos, sobressai-se culturalmente no *entusiasmo excêntrico*. Mas Hölderlin também escreve ao mesmo Wilmans alguns meses mais tarde (abril de 1804): *creio ter escrito inteiramente contra o entusiasmo excêntrico, e assim reencontrado a simplicidade grega*. Assim, orientalizar a tradução não é tanto expatriar a tragédia grega quanto conservar sua inigualável sobriedade. As "correções" de Hölderlin têm assim um duplo sentido, e é nessa ótica complexa que é preciso examinar todos os "desvios de tradução", pois se é *como um traidor*, não é menos de *maneira santa*[75] que o poeta moderno também se comporta com relação ao original grego.

Compreende-se a partir daí a elaboração do coro que constitui para Hölderlin o centro da tragédia de Antígona. A evocação de Dânae pela qual ele principia, manifesta ainda um *excesso de simpatia* por Antígona, como indica o duplo e terno vocativo do verso 949 de Sófocles. Mas essa ternura é inibida na tradução dos dois últimos versos da

---

[75] Beaufret traduz o termo alemão *"heilig"* por *"sainte façon"*, o qual foi aqui traduzido por "modo sagrado". Cf. "Observações sobre *Antígona*", p.88 deste livro. (N.T.)

primeira estrofe, aqueles que, precisamente, são assim transpostos:

Ela contava para o Pai do Tempo
As batidas da hora em timbre de ouro.

Na versão musical da *Antígona* de Hölderlin, que devemos a Carl Orff, esses dois versos são magistralmente precedidos de um *pianissimo subito* que assinala a mudança de tom. Em face do Zeus *mais propriamente ele mesmo* do que do Zeus estatutário de Creonte, daquele que *nada mais é do que tempo*, em face, portanto, da *marcha do tempo*, Dânae torna *santamente* sua *a mais firme permanência* e a partir daí *compadece a própria marcha do tempo à qual se curva, compreendendo assim a simplicidade da sucessão das horas, sem que o entendimento conclua do presente ao futuro.*[76] Tudo agora está pronto para a apresentação das duas outras figuras: a do filho

---

[76] Beaufret traduz livremente a frase "*Das ist aber immer, wenn die Zeit im Leiden gezählt wird, weil dann das Gemüt vielmehr dem Wandel der Zeit mitfühlend folget, und so den einfachen Stundengang begreift, nicht aber der Verstand von Gegenwart auf die Zukunft schliesst*", que foi aqui traduzida por "Mas isso sempre acontece quando o tempo é contado no sofrimento, porque então o ânimo segue o passar do tempo com muito mais sentimento e concebe assim o curso simples das horas, mas sem que o entendimento conclua do presente para o futuro." "Observações sobre *Antígona*", p.87 deste livro. (N.T.)

de Drias, empedrado por ter querido dar fim ao delírio das Bacantes e por ter irritado as Musas, amigas das flautas; e a dos filhos de Fineu, condenados à noite pela selvageria de uma mulher, pois o destino também pesou sobre eles. Foi assim que por três vezes *foi forçado mais decisivamente para a terra* o destino daqueles que tinham pretendido *exultar bem longe da terra*, tornada *incapaz de contê-los*. O mesmo deve ser, portanto, com toda imparcialidade, o destino de Antígona, por ter, na sua *dysboulia* (v.95), *ferido de modo demasiado rude o limiar sublime de Dikè* (v.853-854). Essa imparcialidade é precisamente o que ainda falta a *Ájax*, cuja loucura aparece desde o começo como tragicamente deplorável diante da sabedoria de Ulisses. Ela também falta a *Édipo*, que se encoleriza a ponto de maltratar Tirésias e posa de livre-pensador[77] diante da simplicidade por demais humanamente devota dos seus. Nesses dois dramas, a oposição dos princípios não está explicitada em sua plena pureza. Mas com *Antígona* o contraste entre o excesso e a falta dá lugar a um terrível equilíbrio que

[77] Cf. *Dictionnaire historique de la langue française*, 1992: "'*Esprit fort*' equivale, primeiramente (1601) a 'livre-pensador', em seguida se diz (1690) de uma pessoa que reivindica um juízo independente." (N.T.)

confere ao conjunto um *ritmo* sem precedente. Não há mais nem excesso nem falta, mas equilíbrio de dois excessos, do *Unförmliches* e do *Allzuförmliches*, da desmesura aórgica e do excessivo respeito às formas, tal como nascem um do outro num frenesi desdobrado que se esclarece, por sua vez, a partir do coro que segue imediatamente a cesura, isto é, a intervenção de Tirésias.

Todavia – e aqui chegamos à segunda das diferenças acima anunciadas –, o movimento trágico de *Antígona* difere do de *Édipo* não apenas, como Hölderlin acaba de estabelecer, por ser "ritmado" de forma totalmente diferente, essa diferença de ritmo não sendo mais somente aquela nascida da cesura, mas aparecendo, por sua vez, graças à elaboração de um coro que se torna para o conjunto *centro privilegiado de perspectiva*; esse movimento trágico é diferente também de uma forma ainda mais secreta, e que se refere à diferença essencial entre o mundo grego e o nosso mundo. *Antígona* dá, com efeito, uma extraordinária velocidade àquilo que em *Édipo* é lentidão paciente. Nela a morte chega mais rápido do que, para os homens, a mudança do coração (v.1105). É talvez por essa corrida para a morte que *Antígona* pareceu a Hölderlin, sem que ele jamais o tenha dito expressamente, uma tragédia mais tipicamente grega que *Édipo*, que, tragédia da morte lenta e "difícil", aparece, ao contrário, no âmago do mundo grego, como o protótipo da *verdadeira tragédia moderna*. Talvez, retomando o texto de Aristóteles, pudéssemos dizer que, com *Antígona*, ao invés de "levar a cabo o que a natureza foi incapaz de realizar", a arte de Sófocles "imita a natureza". Ela se eleva de sua excentricidade cultural ao domínio mais originalmente grego que é o pânico do *hen kai pan*[78], aquele do *mundo selvagem dos mortos*, aos quais desde o início Antígona pretende agradar mais do que aos vivos. Édipo, ao contrário, ainda que sua morte permaneça uma morte grega, é o mais longamente possível abandonado pelo Um-Todo, de modo que, no verso 1627 do segundo *Édipo*, o

> Por que tardamos tanto a pôr-nos a caminho,
> Édipo? Fazes-te esperar há muito tempo![79]

do deus que enfim o chama e apressa ressoe insólito e velado por uma suprema ironia. E é também por isso que a tragédia de Édipo, na sua lentidão

[78] "Um e tudo". (N.T.)

[79] Cf. *A trilogia tebana*, tradução Mário da Gama Kury, op.cit., p.188. (N.T.)

mortificante, é quase uma tragédia moderna ou *hespérica*, aquela que Hölderlin tinha pretendido escrever e não teve êxito nas versões sucessivas de seu *Empédocles*, cuja promessa crê enfim entrever no *Fernando* de seu amigo Böhlendorf, e especialmente nestes dois versos, cuja citação feita por ele em sua carta de 1801 os terá impedido de cair no esquecimento:

> *Um caminho estreito conduz ao vale obscuro.*
> *Para lá impeliu-o a traição.*

Mas qual traição? Para Hölderlin, senão para o autor de *Fernando*, é bastante evidente. Lemos, com efeito, nas "Observações sobre *Édipo*", que, ao afastamento categórico do deus que nada mais é do que tempo, o homem deve corresponder afastando-se *como um traidor*, e que, a partir daí, a tragédia se desdobra como uma espécie de processo de heresia. Herético, diz muito bem Wolfgang Schadewaldt, é "aquele que aorgicamente e de imediato busca apoderar-se da própria essência do divino".[80] Heréticos e traidores, ainda que de *maneira santa*, são, desde então, tanto um quanto

[80] Wolfgang Schadewaldt, op.cit., p.35.

o outro, os personagens de Édipo e de Antígona, mas é de forma diferente que guardam o *afastamento categórico*, isto é, a desenvoltura divina a partir da qual re-voltaram para si mesmos. Todavia, o trágico de *Antígona*, segundo o qual o *deus não mediato* torna-se tão rapidamente presente *na figura da morte*, é como uma volta mais especificamente grega ao âmago da "revolta" do homem ao nativo, em face do afastamento categórico que é a "volta" do deus.[81] A *falta do deus* que "mortificava" Édipo ao reenviá-lo a este mundo, sem lhe permitir "antes de muito tempo, dobrar o cabo dessa vida cheia de provações", Antígona contorna-a, ao contrário, precipitando tudo pela revelação de chofre *mortífera* da *selvageria não escrita*, que é para o homem, como ainda o será o país platônico de *Lêthê*, o deserto do inculto e do inabitável. Mas a tragédia de Antígona é uma obra-prima excepcional. Se ela leva a corrida para a morte, que o destino no sentido grego exige, muito além da simplicidade um tanto rude de *Ájax* e a ponto de rivalizar com a arte que atingiu seu cume em *Édipo*, ela fica, por assim dizer, sem continuação, e tal foi o fracasso da arte e do mundo que os gregos instituíram.

[81] Cf. Beda Allemann, op.cit., p.51.

Sua vontade foi certamente instituir
Um império da arte, mas aí
O nativo foi por eles
Renegado e, lamentavelmente,
A Grécia, Beleza suprema, soçobrou.

◆ ◆ ◆

"Que dizes do *Sófocles* de Hölderlin? O autor está delirando ou está só fingindo, e seu *Sófocles* é uma sátira velada de más traduções? Numa dessas noites, em que me encontrava com Schiller na casa de Goethe, eu os regalei com este trecho. Li então o quarto coro da *Antígona*. Precisava ver como Schiller ria..." Assim escrevia, já em julho de 1804, o [amigo] caçula de Hölderlin a outro de seus amigos.[82] Mas se "Schiller ria", é possível que Goethe, ao contrário, tenha permanecido em silêncio. Talvez pensasse no jovem poeta que se lhe havia apresentado alguns anos antes e que lhe pareceu, como o disse em seguida numa carta a Schiller, "*mit Ängstlichkeit offen*", de uma ansiedade escancarada. Talvez ele soubesse que uma abertura tão ansiosa àquilo que é em sua essência o próprio Aberto devia, a partir desse momento, abrir o visitante

[82] É provável que se trate de uma carta de Schelling (o caçula, o mais jovem dos três) a Hegel (o "outro" amigo). (N.T.)

tímido que ele soube, no entanto, não desencorajar a um diálogo inaudito com os poetas do Aberto que foram os poetas gregos – esses poetas, de cujo segredo Goethe apenas se aproximou.

> Não se aprende com os gregos – seu modo é estrangeiro demais, e também fluido demais para ter um efeito de imperativo, de "clássico".

Esta afirmação de Nietzsche no *Crepúsculo dos ídolos*[83] corresponde já ao enigma. Mas aprender é muito menos submeter-se à autoridade de um modelo do que expor-se ao perigo de uma luz cuja prova torna-se, para o precursor, uma solidão cada vez maior. A solidão de Hölderlin cresce na medida em que mais se aproxima do mundo grego. Sem dúvida, não para munir-se de modelos. Menos ainda para tentar dispensá-los. Tudo o que se escreveu sobre o "*abendländische Wendung*", a *guinada para o Ocidente*, que seria a curva de Hölderlin, permanece um tanto limitado. A aproximação do mundo grego revela-o a ele mesmo, concedendo-lhe "tornar-se aquilo que é" – entendamos: esse precursor inapa-

[83] Nietzsche, *Crepúsculo dos ídolos*, cap. "O que devo aos antigos", §2. [cf. tradução Rubens Rodrigo Torres Filho. São Paulo, Abril Cultural, 1978, p.342. (N.T.)]

rente, cujo caminho se desvia cada vez mais das rotas seguidas pelos outros. E se Heidegger, não menos inaparente, não podia deixar de encontrar Hölderlin, é porque, por sua vez, meditava desde o início sobre o enigma grego do nosso pertencimento ao mundo, que é o do nosso próprio ser. A iniciação grega não é a revelação de um paraíso perdido, tampouco o ponto de partida de uma marcha para a frente da qual teríamos apenas que ser os atletas, limitando-nos a dar continuidade aos progressos já alcançados. Ela é, muito antes, a origem de uma mutação na qual quiçá se prepare a guinada de nossa noite para uma manhã que não foi a manhã grega do pensamento. Os Matinais dessa manhã já não são renovados da Antigüidade. Sua correspondência com o "mito" grego não conhece o declínio de nenhum classicismo. Eles lhe são fiéis de modo ainda mais rigoroso. O pensamento de Heidegger, a pintura de Braque, a poesia de Char, peritos em matéria de solidão, como Hölderlin, sabem algo desse rigor. A luz que é seu dom medita sobre a fulguração de onde, um dia, nasceu a luz, e libera, nesse *início* reluzente, a vida mais secreta da *fonte*, a partir da qual nos arriscamos, por nossa vez, a encontrar o acesso a nós-mesmos. O destino dos verdadeiros Hespéricos é essa meditação que os põe à parte, ainda que façam barulho no mundo, pois sua tarefa é demasiado precursora para que eles já não tenham sido ultrapassados por ela. *Antigamente,* escreve Hölderlin a Böhlendorf, *era-me possível exultar ao descobrir uma nova verdade, uma visão melhor daquilo que nos supera nos envolvendo. Agora, temo que o meu destino seja o do antigo Tântalo, a quem adveio, vindo dos deuses, mais do que podia digerir.*

Mas o destino do precursor é fundar o que permanece. É no vazio do interregno que o primeiro Hölderlin enfrentou que toda a poesia moderna vai reconhecer para si um lugar. É na maior proximidade de Hölderlin que o mais próximo dos poetas modernos encontra a voz que nos diz de onde viemos. É aí afinal que nos cabe, por nossa vez, corresponder à afirmação insolitamente hespérica de René Char:

> NÃO INVEJAMOS OS DEUSES,
> NÃO OS SERVIMOS, NÃO OS
> TEMEMOS, MAS, ARRISCANDO
> NOSSA VIDA, ATESTAMOS SUA
> EXISTÊNCIA MÚLTIPLA E NOS
> COMOVEMOS POR SER DE SUA
> AVENTUROSA CRIAÇÃO LOGO QUE CESSA
> SUA LEMBRANÇA.

Friedrich Hölderlin

Observações sobre *Édipo*
Observações sobre *Antígona*

tradução e notas:
Pedro Süssekind
Roberto Machado

Observações sobre *Édipo*

1

A fim de assegurar aos poetas, também entre nós, uma existência de cidadão, seria bom elevar a poesia, também entre nós, levando em conta a diferença das épocas e das condições, à altura da *mêchanê* dos antigos.

Comparadas às gregas, também falta confiabilidade a outras obras de arte; ou pelo menos elas foram avaliadas até hoje mais pelas impressões que provocam do que pelo cálculo das suas leis e outros procedimentos graças aos quais o belo é produzido. O que faz falta à poesia moderna é especialmente escola e ofício: que o seu modo de proceder possa ser calculado e ensinado e, uma vez aprendido, ser repetido sempre com confiança na sua execução. Entre os homens, a respeito de qualquer coisa, temos de observar sobretudo que ela é *algo*, isto é, que é reconhecível por meio (*moyen*) de sua manifestação, que a maneira como ela é condicionada pode ser determinada e ensinada. Por isso, e por motivos mais elevados, a poesia carece particularmente de princípios e limites seguros e característicos.

Inclui-se aí justamente o cálculo das leis.

Em seguida, é preciso observar como o conteúdo se diferencia desse cálculo, por meio de que procedimentos, e como, na conexão infinita mas totalmente determinada, o conteúdo particular se refere ao cálculo geral, e o curso – o que se deve fixar, o sentido vivo, que não pode ser calculado – é posto em relação com a lei calculável.

A lei, o cálculo, o modo como um sistema de sensações [*Empfindungssystem*], o homem como um todo, se desenvolve como que sob a influência do elemento, e como a representação, a sensação e o raciocínio surgem um após o outro, em diversas sucessões, mas sempre segundo uma regra segura – tudo isso é, no trágico, mais equilíbrio do que pura consecução.

O *transporte* trágico é, na verdade, propriamente vazio e o mais desprovido de ligação.

Com isso, na consecução rítmica das representações em que o *transporte* se apresenta, torna-se necessário *o que na métrica se chama cesura*, a palavra pura, a interrupção anti-rítmica, a fim de ir ao encontro da mudança torrencial [*reissend*] das representações, em seu ápice [*Summum*], de tal maneira que então apareça não mais a alternância das representações, mas a própria representação.

Com isso divide-se a consecução do cálculo, o ritmo, e suas duas metades se relacionam de tal maneira que elas aparecem com o mesmo peso.

Já que o ritmo das representações é tal que, em uma rapidez excêntrica, as *primeiras* são mais arrastadas pelas *seguintes*, então a cesura, ou interrupção anti-rítmica, precisa ficar *para a frente*, de modo que a primeira metade esteja como que protegida contra a segunda, e o equilíbrio, exatamente porque a segunda metade é originalmente mais rápida e parece pesar mais, pende mais de trás para o início, por causa do efeito contrário que a cesura tem.

Se o ritmo das representações é tal que as *seguintes* são mais pressionadas pelas *iniciais*, a cesura, então, se encontrará mais para o fim, porque é o fim que precisa ser como que protegido do começo, e por conseguinte o equilíbrio penderá mais para o fim, porque a primeira metade se estende mais, de forma que o equilíbrio só surge mais tarde. Isso quanto à lei calculável.

A primeira das leis trágicas aqui indicadas é a de Édipo.

A *Antígona* segue a segunda aqui mencionada.

Em ambas as peças são as falas de Tirésias que constituem a cesura.

Ele irrompe no curso do destino como guardião do poder da natureza, que tragicamente retira os homens de sua esfera vital, do ponto central de sua vida interior, arrastando-os para um outro mundo e para a esfera excêntrica dos mortos.

2 A *inteligibilidade* do todo depende principalmente de se ter em vista a cena em que Édipo *interpreta de modo demasiadamente infinito* a sentença do oráculo e é tentado na direção do *nefas*[1].

É que a sentença do oráculo diz:

Claramente nos mandou Febo, o rei,
Banir a mácula do país, alimentada neste solo,
Não nutrir o irremediável.

---

[1] *Nefas*, que significa sacrilégio, impiedade, crime, desmesura resultante da oposição aos deuses, é um termo latino que Hölderlin pode ter encontrado em Virgílio ou Lucrécio.

Isso poderia significar: instituam, de modo geral, uma justiça severa e pura, mantenham uma boa ordem civil. Mas logo em seguida Édipo fala como sacerdote:

> Por qual purificação etc.

E *particulariza*,

> E a que homem ele atribui tal destino?

E *assim* conduz *os pensamentos* de Creonte para a fala terrível:

> Oh rei, outrora Laio foi o nosso senhor
> Neste país, antes de governares a cidade.

Assim são conectadas a sentença do oráculo e a história da morte de Laio, nela não necessariamente implicada. Na cena que vem logo em seguida, com uma suspeita irada, o espírito de Édipo, onisciente, profere propriamente o *nefas* ao interpretar com desconfiança a prescrição geral como algo particular, aplicá-la a um assassino de Laio, e até mesmo considerar a falta como infinita:

Quem dentre vós souber por quem
Pereceu o filho de Lábdaco, Laio,
Digo-lhe que me revele tudo etc.

... Esse homem
Eu amaldiçôo, quem quer que ele seja aqui neste país,
Do qual administro o poder e o trono,
Não se deve convidá-lo nem lhe dirigir a palavra;
Nem aceitá-lo nas preces divinas
E nos sacrifícios.

... É isso que me mostra
A sentença divina, da pítia, claramente etc.

Por isso a espantosa curiosidade irada, no diálogo seguinte com Tirésias porque, quando rompeu os limites, como que embriagado em sua forma esplêndida e harmoniosa, que no entanto pode permanecer, o saber se incita antes de tudo a saber mais do que pode suportar ou apreender [*fassen*].

Por isso, depois, na cena com Creonte, a desconfiança; porque o pensamento desenfreado, e carregado de tristes segredos, se torna incerto, e o espírito fiel e seguro sofre na desmesura irada que, na alegria da destruição, apenas segue o tempo torrencial [*reissende Zeit*].

Por isso, no meio da peça, no diálogo com Jocasta, a calma triste, a estupidez, o erro ingênuo e digno de piedade do homem poderoso, quando ele conta a Jocasta sobre o lugar onde presume ter nascido e sobre Políbo, a quem teme assassinar, porque ele seria o seu pai, e sobre Mérope, que seria sua mãe, de quem quer fugir para não se casar com ela, de acordo com as palavras de Tirésias, embora este tivesse dito que ele era o assassino de Laio e que Laio era seu pai. De fato Tirésias diz, na discussão com Édipo já mencionada:

> ... O homem que há muito tempo
> Procuras, fazendo ameaças e proclamando *o assassinato*
> *De Laio*, está aqui; estrangeiro, pelo que se diz,
> Ele mora conosco, mas logo, nascido aqui,
> Será reconhecido como tebano;
> E não se alegrará com esse revés.
>
> Mas ele será reconhecido, morando com seus filhos,
> Como irmão e como pai, e da mulher que o gerou,
> Filho e marido, *em um mesmo leito com*
> *O pai e o seu assassino.*[2]

[2] O sentido desses versos em itálico, segundo outras traduções da peça de Sófocles, seria: "rival incestuoso e assassino de seu próprio pai".

Por isso, no início da segunda metade, na cena com o mensageiro de Corinto, quando ele é novamente tentado a viver, a luta desesperada para voltar a si, o esforço baixo e quase despudorado para se dominar, a busca alucinadamente selvagem de uma consciência.

JOCASTA
Pois Édipo inclina seu ânimo
Para múltiplos tormentos, não interpreta,
Como um homem sensato, o novo a partir do antigo.

ÉDIPO
Oh, querida, tu, minha mulher Jocasta!
Por que me chamas para fora do palácio?

ÉDIPO
Na doença feneceu, ao que parece, o velho.[3]

O MENSAGEIRO
E pelo longo tempo que mediu [sua vida].

É preciso notar como o espírito de Édipo se eleva com essa boa sentença; assim as falas seguintes

---

[3] Trata-se de Pólibo.

podem aparentar uma motivação mais nobre. Ele, que justamente agora, em sua grande fraqueza, não suporta mais com ombros hercúleos tornar-se senhor de si, descarta as incumbências de rei:

> Vamos! Quem deveria mais uma vez, ó mulher,
> Interrogar o lar da profecia,
> Ou os pássaros que gritam do alto? Por seus sinais
> Eu iria matar meu pai que, morto,
> Descansa sob a terra, mas aqui estou
> e pura é a minha lança; se, no entanto,
> No sonho não pereceu por minha causa, pode ser
> Que esteja morto por minha causa; ao mesmo tempo
> Levou consigo os oráculos de hoje, e agora,
> Políbo no Hades, não valem mais.

Por fim, predomina nas falas principalmente a procura doentia de uma consciência.

> O MENSAGEIRO
> Bem mostras, filho, não saber o que fazes!
>
> ÉDIPO
> Como, pelos deuses, velho, fala alguma coisa!
>
> ÉDIPO
> O que dizes? Políbo não me semeou?

O MENSAGEIRO

Praticamente tanto quanto um de nós.

ÉDIPO

Como assim? Um pai que é igual a ninguém?

O MENSAGEIRO

Um pai sim. Políbo não; nem eu.

ÉDIPO

Mas por que então me chamava de filho?

O MENSAGEIRO

Eu te solto, já que teus pés estão atados.[4]

ÉDIPO

Violenta infâmia trazida das fraldas.

O MENSAGEIRO

De modo que foi disso que recebeste teu nome.

ÉDIPO

Deuses! Isso, pela mãe, pelo pai, fala!

[4] Hölderlin traduziu esse verso no presente.

Jocasta

Pelos deuses, não! Se te preocupas com a vida,
Não procures. Já estou bastante aflita.

Édipo

Coragem! Ainda que eu viesse de três mães,
Três vezes escravo, isso não te tornaria pior.

Édipo

Seja o que deve ser. Minha raça,
Ainda que inferior, quero conhecer.
É com razão, pois as mulheres pensam na grandeza,
Que ela tem vergonha de meu nascimento baixo.
Mas eu, tendo-me como filho da sorte,
A favorável, não quero ser desonrado.
Pois ela é a minha mãe. Pequenas e grandes,
Envolveram-me as luas do meu nascimento.
E, gerado assim, não quero partir, assim,
Sem investigar totalmente o que sou.

É justamente essa busca de tudo, essa interpretação de tudo, que no final rebaixa seu espírito aquém da linguagem rude e simples dos seus criados.

Uma vez que tais homens estabelecem relações violentas, sua linguagem também fala, quase ao modo das Fúrias, em um nexo mais violento.

3 A apresentação do trágico depende principalmente de que o formidável [*Ungeheure*], como o deus e o homem se acasalam, e como, ilimitadamente, o poder da natureza e o mais íntimo do homem se unificam na ira, seja concebido pelo fato de que a unificação ilimitada se purifica por meio de uma separação ilimitada: *tês physeôs grammateus ên ton kalamon apobrechôn eunoun.*[5]

Por isso o diálogo sempre em antagonismo, por isso o coro como oposição a ele. Por isso, entre as diversas partes, no diálogo, entre o coro e o diálogo, e entre as grandes partes ou "dramatas" [*Dramaten*], que são constituídas de coro e diálogo, a engrenagem contida demais [*allzukeusch*], mecânica demais e que termina por provocar um efeito [*fakctisch endigende*]. Tudo é fala contra fala, cada uma suprimindo [*aufheben*] a outra.

Assim, nos coros de *Édipo*, a lamentação, o tom pacífico, a religiosidade, a mentira piedosa ("se eu for adivinho etc.") e a compaixão, até o esgotamento total, em oposição a um diálogo que, em sua sensibilidade (*Empfindlichkeit*) irada, quer

[5] Citação errônea de Aristóteles, retirada do *Suda*, léxico grego bizantino do século XI: "Era o escrivão da natureza molhando sua pena benevolente." No léxico, em vez de *eunoun* ("benevolente"), como Hölderlin cita, encontra-se *eis noun* ("na inteligência") – o que pode ter sido um simples erro de transcrição.

precisamente dilacerar a alma desses ouvintes. [Assim] nas entradas em cena, as formas terrivelmente solenes, o drama semelhante a um processo de heresia, [tudo isso] como linguagem para um mundo em que, em meio à peste e à confusão de sentido e a um espírito divinatório inflamado por toda parte, em um tempo inoperante, o deus e o homem – para que o curso do mundo não tenha lacuna *e não desapareça a memória dos celestiais* – *se comunicam na forma da infidelidade esquecedora de tudo*, pois a infidelidade divina é o que há de melhor para lembrar.

Nesse momento, o homem esquece de si e de deus, e se afasta [*umkehren*],[6] certamente de modo sagrado, como um traidor. No limite extremo do sofrimento só restam, de fato, as condições do tempo ou do espaço.

Nesse limite, o homem esquece de si, porque está inteiramente no momento; o deus, porque é apenas tempo; e ambos são infiéis: o tempo por-

[6] *Umkehren* tem o sentido de voltar, retornar, fazer a volta, regressar, inverter, dar as costas, virar o rosto. Optamos, algumas vezes, pelos termos "afastar-se" para o verbo *umkehren*, e "afastamento" para o substantivo *Umkehr*, mas, outras vezes, pelos termos "retorno" e "retornar" quando o sentido exigia. Lacoue-Labarthe assinala que, no alemão da época, essas palavras remetem à Revolução Francesa e têm o sentido geral de subversão, revolta.

que vira [*wenden*] categoricamente em um tal momento, e nele início e fim simplesmente não mais rimam; o homem porque nesse momento tem que seguir o afastamento categórico, e com isso, em seguida, simplesmente não pode se igualar ao que era no início.

Essa é a situação de Hêmon na *Antígona*. E a do próprio Édipo no meio da tragédia *Édipo*.

Observações sobre *Antígona*

1 A regra, a lei calculável de *Antígona* está para a de *Édipo* assim como ___/ está para ___, de modo que o equilíbrio pende mais do início para o fim, do que do fim para o início.

Ela é uma das diversas sucessões em que se desenvolvem representação, sensação e raciocínio, segundo a lógica poética. Com efeito, assim como a filosofia trata apenas de uma faculdade da alma, de modo que a apresentação dessa única faculdade forma um todo, e a mera conexão *das articulações* dessa única faculdade é denominada lógica, assim também a poesia trata das diversas faculdades do homem, de modo que a apresentação dessas diversas faculdades forma um todo, e a conexão *das partes mais autônomas* das diversas faculdades pode ser denominada ritmo, no sentido mais elevado, ou lei calculável.

Mas, se esse ritmo das representações é tal que, na rapidez do entusiasmo, *as primeiras* são arrastadas [*hingerissen*] pelas *seguintes*, então a cesura (a), ou a *interrupção anti-rítmica*, precisa ficar *mais para a frente*, de modo que a primeira metade está como que protegida contra a segunda, e o equilíbrio, exatamente porque a segunda metade é originalmente mais rápida e parece pesar mais, pende mais de trás (b) para o início (c), por causa do efeito contrário exercido pela cesura.

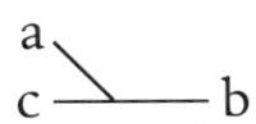

Se o ritmo das representações, porém, é tal que as *seguintes* são mais pressionadas pelas *iniciais*, então a cesura (a) ficará mais para o fim, porque é o fim que precisa ser como que protegido contra o início, e, por conseguinte, o equilíbrio penderá mais para o fim (b), porque a primeira metade (c) se estende mais, e o equilíbrio surge mais tarde.

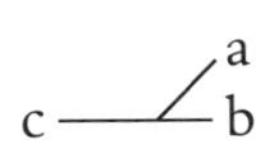

2

Como ousaste infringir esta lei?

Por isto: *meu* Zeus não a proclamou;
Nem aqui em casa o direito dos deuses da morte etc.

O momento mais arriscado no decorrer de um dia ou de uma obra de arte é quando o espírito do tempo e da natureza, o celeste, o que captura o homem, e o objeto pelo qual ele se interessa estão contrapostos do modo mais selvagem, porque o objeto sensível só percorre a metade da distância, *mas o espírito desperta com sua maior potência quando começa a segunda metade.* É nesse momento que o homem precisa *manter-se o mais firme possível*, e é por esse motivo que ele se expõe o mais abertamente possível em seu caráter.

Um tempo sem brilho próprio ao trágico, cujo objeto não interessa realmente ao coração, segue do modo mais desmesurado o espírito do tempo torrencial, e este aparece, então, selvagem, não como quem poupa os homens, como um espírito à luz do dia, mas sem poupá-los, como espírito da selvageria não-escrita, eternamente viva, e do mundo dos mortos.

Creonte

Contudo, iguais aos bons, os maus não podem ser considerados.

ANTÍGONA
Quem sabe, lá embaixo pode haver outro costume.

Amabilidade, lucidez no infortúnio. Ingenuidade sonhadora. Linguagem própria de Sófocles, uma vez que Ésquilo e Eurípides sabem objetivar mais o sofrimento e a ira e menos o entendimento do homem, vagando sob o impensável.

CREONTE
Se permaneço fiel à minha origem, minto?

HÊMON
Isso não és, *se não honrares o nome de deus.*

Em vez de: se pisares na honra dos deuses. Aqui era necessário modificar a expressão sagrada, pois ela é significativa, no meio, como algo sério e como palavra autônoma, na qual todo o resto se objetiva e se transfigura.

Sem dúvida, o modo como, no meio, o tempo vira não é modificável, nem o modo como um caráter segue categoricamente o tempo categórico, ou como isso passa do grego para o hespérico, ao contrário do nome sagrado, sob o qual o mais elevado é sentido ou acontece. A fala se refere ao juramento de Creonte.

> [...] Não chocarás por muito tempo mais
> Sob um sol ciumento.

Na terra, entre os homens, assim como se torna relativo fisicamente, o sol também pode realmente se tornar relativo no sentido moral.

> Ouvi dizer que se tornou igual ao deserto etc.

Sem dúvida, o traço mais elevado de Antígona. A insolência sublime, na medida em que a loucura sagrada é o mais elevado fenômeno humano e, aqui, mais alma do que linguagem, ultrapassa todas as outras manifestações; e também é necessário falar da beleza no superlativo, porque a atitude, entre outras, também se baseia no superlativo do espírito humano e da virtuosidade heróica.

É um grande recurso da alma que trabalha em segredo esquivar-se da consciência no grau mais elevado da consciência e, antes que o deus presente a capture realmente, ela vai de encontro a ele com palavras audaciosas e muitas vezes até mesmo blasfematórias, guardando a possibilidade sagrada e viva do espírito.

No ápice da consciência, ela sempre se compara com objetos que não têm consciência, mas que assumem em seu destino a forma da consciência. Um desses é uma terra que se tornou deserta, que, na sua exuberante fertilidade original, intensifica excessivamente os efeitos da luz solar e com isso se torna árida. Destino da Níobe frígia; como, em geral, destino da natureza inocente, que, em sua virtuosidade, vai, em geral, ao demasiadamente orgânico, no mesmo grau em que o homem se aproxima do aórgico nas relações mais heróicas e nos movimentos do ânimo. E Níobe é propriamente a imagem do gênio primordial.

> Ela contava para o Pai do Tempo
> O soar das horas, as áureas.

Em vez de: ela administrava para Zeus o fluxo de ouro do devir. Para aproximá-lo mais do nosso modo de representação. De modo mais determinado ou mais indeterminado é Zeus que precisa ser dito. *Mais seriamente*, de preferência: Pai do Tempo ou Pai da Terra, porque seu caráter, contrariando a tendência eterna, é inverter *a aspiração a abandonar este mundo pelo outro em uma aspiração a abandonar um outro mundo por este*. É que em geral precisamos apresentar o mito *do modo mais comprovável*. O fluxo de ouro do devir significa sem dúvida os raios de luz que também pertencem a Zeus, à medida que o tempo, assim designado, é mais calculável por meio desses raios. Mas isso sempre acontece quando o tempo é contado no sofrimento, porque então o ânimo segue o passar do tempo com muito mais sentimento e concebe assim o curso simples das horas, mas sem que o entendimento conclua do presente para o futuro.

No entanto, uma vez que essa permanência mais firme diante do tempo que passa, essa vida heróica de eremita, é realmente a consciência mais elevada, a continuação do coro se estabelece [*motiviert sich*] como a mais pura universalidade e o ponto de vista mais próprio em que o todo precisa ser apreendido.

Com efeito, em sua oposição ao excesso de efusão [*Allzuinnige*] da passagem precedente, esse coro contém a imparcialidade mais elevada dos caracteres contrapostos, a partir dos quais agem os diversos personagens do drama.

Por um lado, o que caracteriza o *Antitheos* é que alguém, no sentido de deus, se comporta como *contra* deus e reconhece sem lei o espírito do mais elevado. Por outro lado, o medo piedoso diante do destino e, por isso, a honra a deus como algo instituído por lei [*als eines gesezten*]. Esse é o espírito dos dois opostos que se contrapõem imparcialmente no coro. Antígona age mais no primeiro sentido. Creonte no segundo. Ambos, na medida em que são contrapostos não como nacional e antinacional, ou seja cultural, como Ájax e Ulisses, nem como Édipo contra os compatriotas gregos e a antiga natureza original, como livre-pensador [*Freigeist*] contra a simplicidade fiel, mas tendo o mesmo peso e só se distinguindo segundo o tempo, de modo que um deles perde principalmente *porque foi quem começou*, o outro *ganha porque vem em seguida*. Neste sentido, o estranho coro mencionado aqui é o que se ajusta mais convenientemente ao todo, e sua fria imparcialidade é calorosa precisamente por se ajustar de modo tão conveniente [*schicklich*].

3 A apresentação trágica depende, como foi indicado nas "Observações sobre *Édipo*", de que o deus imediato, totalmente uno com o homem (pois o Deus de um apóstolo é mais mediato, é o entendimento mais elevado no espírito mais elevado), de que o entusiasmo *infinito* se apreenda *infinitamente*, separando-se de modo sagrado, isto é, em oposições, na consciência que suprime

[*aufhebt*] a consciência, estando o deus presente na figura da morte.

Por isso, como já foi mencionado nas "Observações sobre *Édipo*", a forma dialógica, e o coro em oposição a ela; por isso, nas cenas, a forma perigosa que termina, à maneira mais grega, necessariamente de modo eficaz [*faktisch*],[7] no sentido de que a *palavra* se torna *mais mediatamente eficaz* ao capturar o corpo mais sensível; segundo a nossa época e seu modo de representação, mais imediatamente, ao capturar o corpo mais espiritual. A *palavra trágica grega é eficaz de modo mortífero*, porque o corpo que ela captura realmente mata. Uma vez que estamos submetidos ao que é mais propriamente Zeus, o qual não só *estabelece uma interrupção* entre esta terra e o mundo selvagem dos mortos, como também *força mais decisivamente para a terra* o curso da natureza eternamente hostil ao homem, curso sempre a caminho do outro mundo, e uma vez que isso modifica muito as representações essenciais e patrióticas, e que a nossa arte poética tem de ser

[7] A palavra "*faktisch*" significa literalmente factual. Para maior clareza de sentido, optamos por traduzir por eficaz, como faz François Fédier em sua tradução do livro de Beda Allemann, *Hölderlin et Heidegger* (Paris, PUF, p.49). Seguindo uma indicação de Jochen Schmidt, Lacoue-Labarthe interpreta e traduz "*faktisch*" como "o que produz um efeito".

patriótica, de modo que as suas matérias sejam escolhidas segundo a nossa visão de mundo e que suas representações sejam patrióticas, as representações gregas são diferentes, para nós, na medida em que a sua tendência principal é a de poder se conter [*fassen*], porque era essa a sua fraqueza, enquanto a tendência principal dos modos de representação de nossa época é, ao contrário, a de poder atingir algo, ter destreza, uma vez que nossa fraqueza é a falta de destino [*Schicksal*], o *dysmoron*. É por isso também que os gregos têm mais destreza e virtude atlética, e precisam tê-las, por mais paradoxais que nos pareçam os heróis da *Ilíada*, como sendo sua *excelência* própria e sua virtude decisiva. No nosso caso, isso é mais subordinado à conveniência [*Schicklichkeit*]. Assim, os modos gregos de representação e suas formas poéticas são mais subordinados aos patrióticos.

Assim, *é preciso considerar o que é mortiferamente eficaz, o assassinato realmente proveniente de palavras, mais como uma forma artística propriamente grega e subordinada a uma forma artística mais patriótica.* Uma forma patriótica seria, como é fácil comprovar, aquela em que a palavra é eficaz de modo mais mortificante do que mortífero; não termina propriamente com assassinato ou morte, embora seja nisso que se apreende o trágico, e sim mais ao gosto de *Édipo em Colono*, de modo que a palavra de uma boca entusiasmada é terrível e mata, mas não segundo a compreensão grega, em um espírito atlético e plástico, onde a palavra captura o corpo de modo que este mata.

Assim, seja ela mais grega ou mais hespérica, a apresentação trágica depende de um diálogo mais violento ou mais inexorável e de coros que mantêm ou esclarecem o diálogo, os quais dão direção ou força ao conflito infinito, como *órgãos sofredores* do corpo em luta com o divino, que não podem faltar, porque mesmo na figura tragicamente infinita, o deus não pode se comunicar com o corpo de forma absolutamente imediata, tendo que ser apreendido de modo inteligível ou apropriado de modo vivo. Mas a apresentação trágica consiste sobretudo na palavra eficaz [*faktisch*] que, sendo mais nexo do que expressão, segue, como destino, do início ao fim; consiste no modo de se desenrolar, no agrupamento dos personagens uns contra os outros e na forma racional que surge na terrível inoperância de um tempo trágico, e assim como em seu surgimento selvagem, ela se apresentava em oposições, depois, em um tempo humano, ela tem o valor de uma opinião firme nascida de um destino divino.

O modo como a *Antígona* se desenrola é o de uma insurreição, onde, na medida em que o assunto é patriótico, tudo depende de que cada um, como que capturado e abalado pelo afastamento [*Umkehr*] infinito, sinta-se na forma infinita em que é abalado. Pois o retorno [*Umkehr*] patriótico é o retorno de todas as maneiras de representação e de todas as formas. Mas um retorno total a elas, como em geral todo retorno total, sem nenhuma interrupção, não é permitido ao homem como ser cognoscente. E no retorno patriótico – onde a configuração total das coisas se modifica e a natureza e a necessidade, que sempre permanecem, tendem para uma outra configuração, seja para a selvageria, seja para assumir uma nova configuração – em tal modificação, tudo o que é simplesmente necessário toma partido pela modificação. É por isso que, na possibilidade de tal modificação, também o neutro, e não só o que é capturado *contra* a forma patriótica por uma violência espiritual do tempo, pode ser forçado patrioticamente a estar presente em uma forma infinita, a da religião, da política e da moral de sua pátria ("*Prophanêthi theos*"[8]). Tais

[8] A frase grega "*Prophanêthi theos*", cuja tradução é "Apareça, deus", é uma invocação a Dioniso que se encontra no coro (quinto estásimo) do início do quinto ato da *Antígona*.

observações sérias também são necessárias para a compreensão das obras de arte gregas, assim como de todas as obras de arte autênticas. O que acaba de ser indicado é o modo próprio de proceder em uma insurreição (o que é apenas um dos modos do retorno patriótico e ainda possui um caráter determinado).

Quando tal fenômeno é trágico, ele se dá por reação, e o informe se inflama em contato com o que é excessivamente formal. O que é característico, então, é que os personagens compreendidos em *tal* destino não se mantêm como em *Édipo*, como figura ideal em sua luta pela verdade e alguém que defende o seu entendimento, tampouco como os personagens de *Ájax*, que defendem sua vida, sua propriedade ou sua honra, mas se contrapõem uns aos outros e se formalizam como personagens em sentido mais estrito, como pessoas de posição.

O agrupamento desses personagens é comparável, como em *Antígona*, a uma competição entre corredores, em que perde o primeiro que fica sem fôlego e tropeça em seu adversário, enquanto, em *Édipo*, a luta pode ser comparada ao pugilato e, em *Ájax*, à esgrima.

A forma racional que aqui se constrói tragicamente é política e, na verdade, republicana, porque entre Creonte e Antígona, entre o formal e o contraformal, é pelo excesso que o equilíbrio é mantido em igualdade. Isso se mostra especialmente no final, quando Creonte é quase maltratado por seus criados.

Sófocles tem razão. Esse é o destino de sua época e a forma de sua pátria. Sem dúvida é possível idealizar, escolher por exemplo o melhor momento, mas o poeta, que apresenta o mundo em escala reduzida, não tem o direito de modificar os modos de representação patrióticos, ao menos no que diz respeito à subordinação. Para nós, essa forma é precisamente adequada, porque o infinito, assim como o espírito dos Estados e do mundo, só pode ser compreendido a partir de um ponto de vista canhestro. As formas patrióticas de nossos poetas, onde elas existem, devem, no entanto, ser preferidas, porque não existem apenas para que se aprenda a compreender o espírito do tempo, mas também para retê-lo e senti-lo quando ele é concebido e aprendido.

Este livro foi composto por Letra e Imagem em Dante e Fedra
e impresso por Bartira Gráfica em julho de 2008.